Francisco Luciano Minharro

Cargos de Confiança e Empregados Exercentes de Altas Funções

© Copyright 2005.
Ícone Editora Ltda.

Diagramação
Andréa Magalhães da Silva

Revisão
Rosa Maria Cury Cardoso

Dados Internacionais de Catalogação na Publicação (CIP)
(Câmara Brasileira do Livro, SP, Brasil)

Minharro, Francisco Luciano
   Cargos de confiança e empregados exercentes de altas funções / Francisco Luciano Minharro. — São Paulo : Ícone, 2005.

   Bibliografia.
   ISBN 85-274-0816-3

   1. Cargos de confiança 2. Contratos de trabalho 3. Contratos de trabalho - Brasil 4. Direito do trabalho 5. Direito do trabalho - Brasil 6. Empregados exercentes de altos cargos I. Título.

04-8117   CDU-34:331:61.015.3(81)

Índices para catálogo sistemático:

1. Brasil : Altos empregados : Direito do trabalho   34:331:61.015.3(81)
2. Brasil : Cargos de confiança : Direito do trabalho   34:331:61.015.3(81)
3. Brasil : Empregados exercentes de altas funções : Direito do trabalho   34:331:61.015.3(81)

Proibida a reprodução total ou parcial desta obra,
de qualquer forma ou meio eletrônico, mecânico,
inclusive através de processos xerográficos,
sem permissão expressa do editor
(Lei nº 9.610/98).

Todos os direitos reservados pela
ÍCONE EDITORA LTDA.
Rua Lopes de Oliveira, 138 – 01152-010
Barra Funda – São Paulo – SP
Tel./Fax.: (11) 3666-3095
www.iconelivraria.com.br
e-mail: iconevendas@yahoo.com.br
editora@editoraicone.com.br

Curriculum do Autor

Francisco Luciano Minharro, professor universitário, é bacharel em Direito pela Faculdade de Direito da Universidade de São Paulo, especialista em Direito Público pela Escola Superior do Ministério Público de São Paulo, especialista e mestre em Direito do Trabalho pela Pontifícia Universidade Católica de São Paulo. Atualmente o autor é doutorando em Direito do Trabalho na mesma Faculdade onde se graduou.

Agradecimentos

Ao mestre, dr. Renato Rua de Almeida, que com sua cultura e acessibilidade incentivou-nos a trilhar a vida acadêmica.

À minha querida esposa Erotilde, cuja dedicação, lucidez e perseverança serviram de inspiração fundamental a este empreendimento.

À minha querida filha Paloma que com sua graça e ternura, dá razão às nossas vidas.

Aos meus pais José Antônio e Julieta, por terem contribuído de forma decisiva para nossa formação cultural.

Prefácio

O Direito do Trabalho moderno não abandonou sua finalidade maior, que é a melhoria da condição social dos trabalhadores. Essa finalidade está explícita no artigo 7.º da Constituição de 1988. Do contrário, – como pretendem alguns –, o Direito do Trabalho perderia sua identidade.

No entanto, ao longo de sua evolução histórica, o Direito do Trabalho vem sofrendo modificações na forma de produzir suas normas. Abandonou, por exemplo, a exclusividade do conteúdo imperativo e de ordem pública da legislação protecionista como fonte determinante de suas normas. Vale-se hoje, também, de leis dispositivas e supletivas, procurando adaptar a legislação protecionista a realidades diferenciadas, como a da empresa de pequeno porte (artigo 170, IX da Constituição de 1988), tendo em vista o pleno emprego (artigo 170, VIII da Constituição de 1988). Nesse mesmo sentido, trata de temas pontuais de maneira flexibilizada, como o salário-utilidade, excluindo de sua natureza jurídica várias utilidades concedidas pelo empregador, tomando-se, por exemplo, o disposto no parágrafo 2.º do artigo 458 da CLT. Igualmente, ao sistematizar a legislação relativa aos exercentes de cargo de confiança e os altos empregados, conferindo-lhe maior elasticidade na aplicação do caráter protecionista, como se vê, também por exemplo, da inteligência do Enunciado 269 do TST.

Essa evolução tornou-se necessária, sob pena de anacronismo, desuso das leis e aumento da informalidade nas relações de trabalho, em conflito com a busca do pleno emprego, previsto pelo artigo 170, VIII da Constituição de 1988.

Ao estudar a questão jurídica do exercente de cargo de confiança e dos altos empregados, FRANCISCO LUCIANO MINHARRO coloca-se entre aqueles que estão na linha de frente na análise do Direito do Trabalho moderno.

Tive a satisfação de orientá-lo na elaboração da dissertação de mestrado na Pontifícia Universidade Católica de São Paulo, quando obteve com méritos, o título de Mestre.

Agora a alegria de prefaciar seu estudo transformado em livro, que certamente despertará o aprofundamento da parte dos estudiosos em relação a tema relevante do Direito do Trabalho moderno, na busca da melhoria da condição social dos trabalhadores, mais do que nunca centrada na realidade da empresa, sobretudo quando o novo Código Civil brasileiro adota a teoria da empresa, valorizando a livre iniciativa completada pela livre concorrência como um dos princípios constitucionais da atividade econômica (artigo 170 e 170, IV da Constituição de 1988), sem descurar da função social da propriedade (artigo 170, III da Constituição de 1988), sob a regência normativa e reguladora do Estado, tendo em vista o Bem Comum (artigo 174 da Constituição de 1988).

Professor-doutor Renato Rua de Almeida
da Faculdade de Direito da Pontifícia
Universidade Católica de São Paulo

Resumo

Os exercentes de cargo de confiança e os altos empregados mereceram um tratamento diferenciado por parte do legislador trabalhista, que lhes retirou alguns direitos conferidos à generalidade dos empregados e aplicou-lhes, de forma menos intensa, o princípio protetivo, cerne de todo o direito laboral. Essa "redução" de direitos baseou-se na idéia de que os cargos de confiança precisam ter bastante elasticidade para que o empregador os manuseie com suficiente destreza, tendo em vista que o engessamento de situações para os ocupantes destes postos pode, em muito, prejudicar a condução do empreendimento.

A lei trabalhista não tratou de maneira igualitária a todo o ocupante de cargo de confiança. Criou situações distintas para cada uma de suas espécies, ora tirando-lhes a proteção da jornada de trabalho, ora permitindo a transferência unilateral da localidade de trabalho por iniciativa do empregador ou, ainda, proibindo a aquisição da estabilidade no cargo de confiança. Cada gênero de cargo de confiança foi tratado de forma peculiar pelo legislador de acordo com suas particularidades.

O diretor estatutário da Sociedade Anônima mereceu atenção especial do TST, que editou o Enunciado 269, que pretendeu, a nosso ver sem muito sucesso, solucionar a questão da existência ou não de vínculo empregatício entre a Sociedade Anônima e seu diretor. Resolve-se o problema, outrossim, aferindo-se acerca da existência de subordinação tipicamente trabalhista. A presença da subordinação estatutária, sempre existente entre o diretor e a Assembléia Geral ou Conselho de Administração, por si só, não é bastante para caracterizar o vínculo empregatício.

Além dos casos que a lei trata explicitamente, como o do bancário que exerce cargo de confiança e o da jornada de trabalho do gerente, por exemplo, o aplicador do direito deve mitigar o princípio protetivo, por utilização analógica dessas regras, para apreciar outras situações semelhantes não previstas no ordenamento positivo, como na hipótese de se integrarem ou não ao salário as vantagens auferidas em espécie pelo exercente do cargo de confiança.

O nosso modelo sindical impede que os altos empregados criem agremiações próprias. Estes, desmotivados de participar do sindicato da categoria profissional da empresa em que estão inseridos por absoluta incompatibilidade de situações, preferem afastar-se da sua representação coletiva legal.

Na Administração Pública, os empregados públicos que exercem cargos de confiança têm tratamento jurídico algo diferenciado em relação aos que ocupam estes cargos na iniciativa privada, em face da presença estatal num dos pólos da relação empregatícia.

Podemos asseverar, por fim, que é extremamente justa a privação de alguns direitos trabalhistas subtraídos pelo legislador ao exercente de cargo de confiança que, por ser diferente da maioria dos empregados, deve ser tratado de maneira desigual.

Índice

I INTRODUÇÃO, 15
   I.1 Justificação e importância do tema, 15
   I.2 Delimitação do tema, 17
   I.3 Métodos e técnicas de pesquisa, 18

II CARGOS DE CONFIANÇA: CONCEITO, CARACTERIZAÇÃO E DISTINÇÃO. ALTOS EMPREGADOS, 19
   II.1 Altos empregados e empregados subalternos, 19
   II.2 Conceito de cargo de confiança, 20
   II.3 Caracterização, 22
      II.3.A O exercício de parcelas do poder diretivo como elemento caracterizador do cargo de confiança, 22
      II.3.B Gestão da empresa pelos empregados como elemento caracterizador do cargo de confiança, 23
   II.4 Distinções e situações afins, 24
      II.4.A Poder de representação, 24
      II.4.B Mandatários, 25
      II.4.C Cargos de direção, 25
      II.4.D Cargos de confiança administrativos e técnicos, 25
      II.4.E O sócio minoritário da sociedade contratual: similitudes com os cargos de confiança, 26
   II.5 A categoria dos altos empregados e a legislação estrangeira, 27

III O PRINCÍPIO PROTETIVO E OS EMPREGADOS EXERCENTES DE ALTOS CARGOS: PROPORCIONALIDADE, 29
   III.1 A justiça, o direito e a igualdade, 29
   III.2 O princípio protetivo e a idéia de justiça, 30
   III.3 Gradação da confiança e o princípio da proteção, 32
   III.4 Graus de subordinação, 33

IV ESPÉCIES DE CONFIANÇA, 35
   IV.1 Confiança genérica, 35
   IV.2 Confiança específica, 36
   IV.3 Confiança estrita, 36
   IV.4 Confiança excepcional, 37
   IV.5 A confiança do artigo 468 parágrafo único e 469 § 1.º da CLT, 38
   IV.6 A idéia de um cargo de confiança único para todo o direito do trabalho, 38

V DIRETOR DE SOCIEDADE ANÔNIMA, 41
   V.1 Introdução, 41
   V.2 Natureza jurídica do cargo de diretor, 42
   V.3 A situação do Diretor acionista, 45
   V.4 Negociações entre controlador e administrador e o contrato realidade, 46
   V.5 Diretor eleito e diretor designado, 47
   V.6 O exercício do cargo de diretor por empregado ou por elemento estranho a seus quadros, 48
      V.6.A O Diretor que era empregado anteriormente, 48
         V.6.A.a *Manutenção do contrato de trabalho*, 48
         V.6.A.b *Extinção do contrato de trabalho*, 49
         V.6.A.c *Suspensão do contrato de trabalho*, 49
         V.6.A.d *Interrupção do contrato de trabalho*, 50
      V.6.B O Diretor que nunca foi empregado da Sociedade Anônima, 50
      V.6.C Importância da situação pretérita do Diretor da Sociedade, 51
   V.7 Posicionamento jurisprudencial do TST, 52
   V.8 Os elementos da relação de emprego e a existência do contrato de trabalho, 53

V.9 O regime jurídico do diretor e o Direito-Custo, 56
   V.9.A O Direito-Custo, 56
   V.9.B O regime jurídico do Diretor da Sociedade Anônima e o Direito-Custo, 58
V.10 O regime jurídico do diretor de sociedade e a integração dos países do Mercosul, 58

VI PECULIARIDADES DO CONTRATO DE TRABALHO DOS OCUPANTES DE CARGOS DE CONFIANÇA E ALTOS EMPREGADOS, 61
  VI.1 Jornada de trabalho, 61
    VI.1.A Gerentes que exercem cargo de gestão, 62
      VI.1.A.a A alteração da Lei 8.666/94, 64
      VI.1.A.b Mandato, representação e procuração, 65
      VI.1.A.c Constitucionalidade do artigo 62 da CLT, 68
    VI.1.B Bancários, 69
      VI.1.B.a A confiança estrita do bancário, 70
      VI.1.B.b Requisitos e conseqüências do enquadramento do bancário na hipótese do artigo 224 § 2.º da CLT, 71
  VI.2 Alterações das condições de trabalho, 73
    VI.2.A Transferência de local e de localidade, 75
      VI.2.A.a Da real necessidade do serviço, 76
      VI.2.A.b Remédio contra a transferência ilícita do exercente do cargo de confiança, 79
      VI.2.A.c O adicional de transferência e o cargo de confiança, 80
      VI.2.A.d Transferência para o exterior, 81
    VI.2.B Retorno à função anterior, 82
    VI.2.C Redução do salário, 85
  VI.3 Estabilidade e garantia no emprego em face do cargo de confiança, 87
    VI.3.A A estabilidade decenal e os altos empregados, 87
    VI.3.B A garantia de emprego e os exercentes do cargo de confiança, 89
  VI.4 Integração do salário *in natura*, 91
    VI.4.A Interpretação teleológica da integração dos benefícios em espécie ao salário, 91

    VI.4.B O pagamento em espécie dos altos empre-
      gados, 92
 VI.5 Flexibilização, 94

VII AUTONOMIA COLETIVA, SINDICATOS E CARGOS DE CONFIANÇA, 95

VIII OS CARGOS DE CONFIANÇA E A ADMINISTRAÇÃO PÚBLICA, 99
 VIII.1 Peculiaridades do emprego público, 100
 VIII.2 A função de confiança e os cargos em comissão, 101

IX CONCLUSÃO, 107

X OBRAS CITADAS E/OU CONSULTADAS, 109

I. Introdução

I.1 JUSTIFICAÇÃO E IMPORTÂNCIA DO TEMA

Assumir os riscos do negócio é dever do empreendedor. Este, ao iniciar suas atividades, quer individualmente quer através de uma sociedade empresária, sabe, de antemão, que pode estar ou diante do sucesso, fazendo multiplicar o capital investido no negócio, ou diante do fracasso, que pode levá-lo à perda de tudo o que foi aplicado no empreendimento e, também, em algumas hipóteses que o direito positivo e a jurisprudência assim o admitem, vir a perder até mesmo o seu patrimônio pessoal.

Assim, em face desta situação de incerteza que qualquer atividade econômica apresenta, cumpre ao direito dar liberdade para o empreendedor agir e tocar seu negócio. A escolha das oportunidades de mercado, a criatividade em encontrar novas formas de abordagem da clientela, a busca da eficiência dos meios de produção e de circulação de bens, produtos ou serviços que explora, a escolha do modelo administrativo e de controle que adota e outros inúmeros aspectos do empreendimento dependem da livre escolha, quer do empresário individual quer da sociedade empresária. A opção por uma forma inadequada de impulsionar o negócio pode levá-lo ao total fracasso, advindo daí as conseqüências acima mencionadas.

Podemos observar, então, que, na hipótese de existência de plena liberdade para o empreendedor, nada mais razoável que este assuma os riscos de sua atividade.

Esta liberdade de atuação do empresário ou sociedade empresária traz repercussões no Direito do Trabalho. O empregador, assumindo os riscos do negócio, conforme se depreende da leitura do artigo 2.º, *caput*, da Consolidação das Leis do Trabalho, detém o poder diretivo, adiante analisado com maior profundidade, que se subdivide em poder de organização, poder de controle e poder disciplinar.

As atividades econômicas menos complexas podem vir a ser exploradas por uma única pessoa, sem grandes dificuldades. Contudo, na proporção do aumento do volume do negócio explorado, estas atividades tornam-se mais e mais intricadas, ficando inviável a sua exploração individual. Esta situação pode ser solucionada através da comunhão de esforços, tendo em vista o empreendimento comum, que é característico das sociedades empresárias. Entretanto, o aumento do número de sócios pode tornar a lucratividade da empresa desinteressante em face da divisão dos resultados.

Diante desta situação – complexidade do empreendimento e inviabilidade do aumento do número de sócios – não resta outra saída ao empreendedor senão delegar alguns poderes a pessoas que não sejam sócias e que tenham também plena liberdade de atuação com vistas em auxiliar no complexo desenvolvimento empresarial.

Assim, em face dos riscos do negócio que o empregador assume, mister se faz que as pessoas por ele escolhidas sejam de sua total confiança, pois o grande poder que estes indivíduos passam a deter em mãos pode levá-lo à degringolada. Surgem daí os cargos de confiança e os altos empregados que participam, de certa forma, da administração da empresa, possuindo parcelas do poder de gestão.

O conjunto dos aspectos mencionados levou o legislador laboral a tratar de forma diferenciada tais empregados, geralmente privando-os de uma ou outra proteção, a fim de propiciar que o empregador tenha uma maior elasticidade no trato com eles.

O número destes empregados vem crescendo em face da globalização da economia. Cada vez mais as empresas se unem somando seus esforços a fim de enfrentar a crescente concorrência, especialmente a internacional. Isto torna os empreendimentos mais complexos, o que provoca o aumento da procura por empregados com alta qualificação para exercerem, de forma satisfatória, cargos de confiança e auxiliarem na gestão empresarial. Isto nos incentivou a levar a cabo a pesquisa sobre este tema tão amplo e complexo a fim de oferecer ao leitor um estudo que analise com riqueza de detalhes os diversos aspectos e peculiaridades que o exercício destes cargos apresenta no Direito do Trabalho.

I.2 DELIMITAÇÃO DO TEMA

Procuraremos, inicialmente, apontar com precisão quem são os altos empregados e os exercentes de cargo de confiança, suas características identificadoras e as figuras próximas, cuja semelhança poderia levar a alguma confusão, discernindo-as e separando-as.

O presente trabalho dedicar-se-á, também, a detectar as causas que levaram o legislador a conferir um tratamento jurídico especial aos empregados de nível mais elevado, bem como a apreciar certo aspecto da evolução histórico-legislativa do assunto. A aplicação diferenciada do princípio protetivo aos altos empregados será especialmente abordada.

Indo além do Direito Positivo, apontaremos para os possíveis desdobramentos dos quais o aplicador da lei poderá valer-se para, com a mesma lógica do legislador e utilizando de suas mesmas razões teleológicas, aplicar ou deixar de aplicar certos preceitos legais aos exercentes de cargo de confiança, independentemente de expressa previsão legal.

Em face da extensão, complexidade e importância do tema, trataremos, com especial destaque, das peculiaridades do regime jurídico do Diretor de Sociedade Anônima, seu enquadramento na espécie empregado e suas conseqüências.

As peculiaridades do contrato de trabalho dos exercentes de cargo de confiança, tanto as previstas na lei, bem como as apontadas pela jurisprudência, serão abordadas exaustivamente. Enfrentaremos, ainda, a problemática do enquadramento sindical dos altos empregados em face do nosso modelo atual de sindicato.

Por fim, ponderaremos acerca da aplicabilidade ou não das regras concernentes aos que ocupam cargo de confiança, quando num dos pólos da relação contratual trabalhista está um ente da Administração Pública.

I.3 MÉTODOS E TÉCNICAS DE PESQUISA

No transcorrer da exposição apreciamos diversos institutos de Direito do Trabalho, não com o intuito de proceder a um estudo detalhado de cada um deles, mas sim para abordá-los, pormenorizadamente, apenas nos aspectos peculiares referentes aos altos empregados.

Foi consultada a doutrina especializada sobre o assunto e a legislação pertinente à matéria que deram subsídio à pesquisa.

Nosso trabalho serviu-se basicamente do método indutivo ao pesquisarmos e identificarmos as diversas posições doutrinárias acerca de nosso tema, colecionando-as a fim de obter uma conclusão geral.

Entretanto, não nos cingimos a este método. Em algumas passagens socorremo-nos de metodologias diversas.

Ao compararmos a evolução legislativa ocorrida na regra que trata da transferência de empregados exercentes de cargo de confiança bem como quando apreciamos a evolução da regra que retira destes empregados o direito à proteção da jornada, utilizamos o método comparativo diacrônico. Abordando, ainda que sucintamente, a legislação que trata dos altos empregados em outros países, servimo-nos do método comparativo sincrônico.

Utilizando o método dedutivo buscamos uma explicação teleológica para atenuação do princípio protetivo em relação aos exercentes do cargo de confiança: estabelecemos a formulação geral de que o princípio protetivo tem gradações e buscamos as partes deste fenômeno para sustentar esta formulação ao longo de todo o trabalho.

Ao tentar fixar um conceito para cargo de confiança, buscamos as diversas opiniões doutrinárias que ora tendiam a posicionar-se pela unidade do conceito ora pela sua diversidade, de acordo com a finalidade de sua utilização. Estas opiniões foram tomadas como tese e antítese e delas extraímos uma síntese para estipular um conceito abrangente de cargo de confiança, utilizando o método dialético.

Enfim, os procedimentos que utilizamos para a execução deste trabalho não diferem daqueles utilizados, geralmente, pelos autores de trabalhos jurídicos. Socorremo-nos, basicamente, do método indutivo e também, mas com menos intensidade e em situações específicas, do método dedutivo, do dialético e do comparativo.

II. Cargos de Confiança: conceito, caracterização e distinção. Altos empregados

II.1 ALTOS EMPREGADOS E EMPREGADOS SUBALTERNOS

Orlando Gomes e Elson Gottschalk[1] fazem interessante distinção entre empregados subalternos e altos empregados, terminologia trazida da legislação mexicana.

Há nas empresas uma hierarquia contínua que se inicia com os empregados mais simples e passa pelos mais qualificados até desembocar no dirigente supremo. Esta hierarquia é imprescindível para que haja uma suave transição entre os diversos níveis de empregados e, assim, reine um ameno relacionamento entre todos.

O estatuto dos altos empregados, ainda segundo os insignes autores, é assinalado por dois traços: a independência e a colaboração estrita com a direção da empresa. A independência é tanto moral quanto material e consubstancia-se na percepção de salários sensivelmente mais elevados que, usualmente, são complemen-

---
[1] GOMES, Orlando; GOTTSCHALK, Elson. *Curso de Direito do Trabalho*, 14ª edição. Rio de Janeiro: Forense, 1995, pp. 86/88.

tados por recursos financeiros advindos de outras fontes. Contribuem opinando e escolhendo processos de fabricação ou métodos comerciais, mantêm relações com a clientela e exercitam o poder disciplinar sobre os empregados subalternos, em nome do empregador.

Estes fatores levam estes empregados a ocupar uma posição bastante destacada no mundo profissional, especialmente no contemporâneo. Isto os impele mais para o lado patronal. Às vezes, assumem a condição de amortecedores de choque entre empregados menos elevados e empregadores. Desfrutam, em algumas ocasiões, situação social comparável à de seus patrões.

Esta singular situação levou alguns doutrinadores a negar-lhes a condição de empregados, sob o argumento de que estaria ausente a subordinação jurídica. Isto não pode ser aceito, pois, ainda que atenuada, a presença da subordinação é inegável na relação jurídica dos altos empregados com seus patrões.

Há, na realidade, um misto de contrato de trabalho e de mandato que convivem sem excluir-se.

II.2 CONCEITO DE CARGO DE CONFIANÇA

Renato Rua de Almeida[2] conceitua o empregado exercente de cargo de confiança como aquele que "ocupa na empresa posição hierárquica de relevo, tendo poderes de mando, gestão e representação em nome do empregador".

Para Euclides Alcides da Rocha[3], altos empregados "são aqueles que ocupam cargos ou funções de reconhecida importância na empresa, como autênticos co-participantes das tarefas diretivas do empresário".

---

[2] ALMEIDA, Renato Rua de. *Cargo de Confiança: efeitos no Contrato de Trabalho. In*: VOGEL NETO, Gustavo Adolpho. Curso de Direito do Trabalho em homenagem ao Prof. Arion Sayão Romita. Rio de Janeiro: Editora Forense, 2000, p. 361.
[3] ROCHA, Euclides Alcides da. *Sujeitos do contrato de trabalho. Empregado. Empregador. Empresa e estabelecimento. Grupo econômico. Sucessão de empregadores. In:* VOGEL NETO, Gustavo Adolpho. Curso de Direito do Trabalho em homenagem ao Prof. Arion Sayão Romita. Rio de Janeiro: Editora Forense, 2000, p. 129.

Aluysio Azevedo[4] vê o cargo de confiança como sendo "aquele em que estejam compreendidos o mando geral, a superintendência ou a representação da empresa para com terceiros".

José Marthins Catharino[5], em posição extremada, entende que os altos empregados são "quase empregadores colaterais, os quais, por força das suas funções, são menos empregados, e dos simples empregados se distinguem até psicologicamente. Irresistivelmente, por naturais inspirações, adquirem certa mentalidade patronal e, pelos salários elevados que percebem, merecem menor proteção, sendo que, sociologicamente, vão incorporar-se à classe média. Em outro sentido: aburguesam-se, tornam-se conservadores e, muitas vezes, se mostram 'antiproletários'. Acomodam-se porque estão satisfeitos com o que já desfrutam".

Evaristo de Moraes Filho e Antonio Carlos Flores de Moraes[6] consideram como de confiança "os cargos que participam dos poderes de gestão ou administração próprios do titular, tais como os de direção, gerência, gestão como igualmente (sem aquelas primeiras qualificações) os que importem na guarda de valores".

Para se estabelecer um conceito de certo instituto jurídico, mister se faz identificar o gênero próximo ao qual pertence para, então, apontar a diferença específica que o distingue.

Os exercentes de cargo de confiança pertencem ao gênero empregado, previsto e descrito no artigo 3.º da CLT: trabalham com habitualidade, têm subordinação jurídica trabalhista, recebem contraprestação pelo labor que prestam e devem ativar-se pessoalmente.

Podemos apontar como elementos diferenciadores existentes entre os altos empregados e os demais, inicialmente, o fato de possuírem poderes característicos do empregador que, eventualmente, possam colocar em risco a própria existência da empresa ou seus interesses fundamentais e, como conseqüência disto, a atenuação da subordinação jurídica que, por sua vez, acarreta a supressão ou diminuição de alguns direitos trabalhistas.

---

[4] AZEVEDO, Aluysio. *Dicionário de Direito Individual do Trabalho*, 2.ª edição. São Paulo: Editora Ltr, 1972, p. 49.
[5] CATHARINO, José Marthins. *Contrato de emprego*. Rio de Janeiro: Edições Trabalhistas, 1965, p. 457.
[6] MORAES FILHO, Evaristo de; MORAES, Antônio Carlos Flores de. *Introdução ao Direito do Trabalho*, 8ª edição. São Paulo: Editora LTr, 2000, p. 281.

Assim, conceituamos os exercentes de cargo de confiança como os empregados que estão sujeitos a regime jurídico diferenciado por ocuparem cargos que demandam parcelas do poder do empreendedor.

II.3 CARACTERIZAÇÃO

Para Délio Maranhão[7], o exercente do cargo de confiança caracteriza-se por ser o que põe em jogo os próprios destinos da atividade do empregador, ao administrar o estabelecimento ou chefiar setor essencial para a empresa.

II.3.A O exercício de parcelas do poder diretivo como elemento caracterizador do cargo de confiança

Podemos acrescentar, também, como elemento caracterizador do cargo de confiança, o exercício de parcelas do poder diretivo do empregador.

O empregador, por ser figura diametralmente oposta ao empregado na relação jurídica de emprego, exige, para sua caracterização, os mesmos requisitos do empregado, apenas invertendo-se os papéis. Quanto à onerosidade, o empregador é quem paga o salário percebido pelo empregado; no que concerne à subordinação, o empregador é o elemento que subordina e o empregado o que a ele se sujeita; a habitualidade está presente para o empregador à medida que admite os préstimos daquele que lhe presta serviços de maneira não eventual; a pessoalidade, doutro turno, é essencial apenas para o obreiro, sendo necessário para a caracterização do vínculo empregatício que o empregador admita a seus préstimos uma pessoa física. Assim, temos que o empregador é a pessoa física ou jurídica que se utiliza não eventualmente da força pessoal de empregado em troca de uma contraprestação, subordinando-o e almejando determinado fim.

---

[7] SÜSSEKIND, Arnaldo; MARANHÃO, Délio; VIANNA, Segadas; TEIXEIRA, Lima. *Instituições de Direito do Trabalho*, 16ª edição, volume I. São Paulo: Editora LTr, 1996, pp. 307/308.

Para atingir este fim que almeja, mister se faz que o empregador disponha de meios para direcionar a atividade que contratou. Este meio é o poder diretivo, correspondente oposto da subordinação do empregado.

Amauri Mascaro Nascimento[8] conceitua o poder de direção como "a faculdade atribuída ao empregador de determinar o modo como a atividade do empregado, em decorrência do contrato de trabalho, deve ser exercida".

O poder de direção desdobra-se em três aspectos: o poder de organização, o de controle e o disciplinar.

O poder de organização compreende a coordenação dos fatores de produção com a força de trabalho do empregado para conferir-lhe unidade e eficiência visando a atingir o fim do empreendedor com maior rapidez e menor custo.

Poder disciplinar é o direito de o empregador impor sanções disciplinares aos seus empregados, quando cabíveis.

O poder de controle dá ao empregador o direito de fiscalizar a atividade do empregado a fim de aferir o modo, a qualidade e quantidade do trabalho prestado.

Como já vimos, a complexidade empresarial dificulta ou até impossibilita a gestão eficiente apenas pelos empreendedores. Assim, é faculdade do empregador delegar este poder diretivo ou parte dele a empregados.

Podemos, desta forma, visualizar, como indício de existência de cargos de confiança, a ocorrência de delegação de parcelas deste poder a empregados.

II.3.B Gestão da empresa pelos empregados como elemento caracterizador do cargo de confiança

O sistema de co-gestão (gerir junto) significa que o empregado participa do governo da empresa. Não deve ser confundida com a participação nos lucros, que significa compartilhar resultados e não, necessariamente, direcionar os rumos da empresa.

---

[8] NASCIMENTO, Amauri Mascaro. *Curso de Direito do Trabalho*, 16ª edição. São Paulo: Editora Saraiva, 1999, pp. 450/451.

Trata-se de verdadeira reformulação da estrutura social e funda-se no direito de participação e na idéia de pluralismo jurídico, com a valorização do trabalho ao lado do capital. Sua efetivação faz surgir a forma mais moderna e completa de representação dos empregados da empresa.

A co-gestão pode ocorrer em diversos níveis: desde a unidade básica de trabalho, onde se discutem assuntos como jornada, férias etc. até a discussão de diretrizes vindas de cima e referentes a questões econômicas.

A viabilização da co-gestão pode dar-se através de um Comitê ou Conselho de Empresa ou, ainda, com o preenchimento de cargos reservados para trabalhadores na direção de uma sociedade ou no Conselho de Administração.

A questão que interessa a nosso estudo é saber se o empregado que ocupa as funções descritas no parágrafo anterior, pode ou não ser caracterizado como exercente de cargo de confiança.

Pensamos que a resposta negativa é a mais correta. Muito embora haja uma participação na própria gestão da empresa, influenciando nas suas basilares decisões, não há falar em cargo de confiança. Além da gestão, mister se faz que o cargo seja da confiança do empregador. Na hipótese da co-gestão, o empregado representante que influencia nas decisões não é determinado pelo empregador, mas sim pelos obreiros que representa. Deixa, destarte, de possuir uma característica fundamental do cargo de confiança, qual seja, que ele decorra da vontade livre do empregador.

II.4 DISTINÇÕES E SITUAÇÕES AFINS

II.4.A Poder de representação

Não é correto afirmar que todas as funções que importem poderes de representação sejam necessariamente de confiança. Certos cargos há, dentre os quais poderíamos mencionar os representantes comerciais, cujos ocupantes representam a empresa e não importam o exercício de cargo de confiança. Sobre a questão da representação, tratá-la-emos mais esmiuçadamente, adiante.

II.4.B Mandatários

Idêntica ilação pode ser feita sobre os mandatários. De início, imaginar-se-ia que estes exerceriam poderes de mando e representação. Contudo, a mera existência de mandato não implica, necessariamente, representação como ocorre, por exemplo, na comissão mercantil. Significa apenas indício que, junto de outros elementos, pode identificar um cargo de confiança.

II.4.C Cargos de direção

Não se vá também dizer que todo o cargo de direção seja, necessariamente, de confiança. Este tipo de cargo poderá ser eminentemente técnico, o que importa, singelamente, direção técnica especializada em exercer determinada atividade coordenando a atividade de outros empregados. Embora de direção, não há falar em cargo de confiança, na hipótese.

II.4.D Cargos de confiança administrativos e técnicos

Não é possível estabelecer critérios rígidos para detectar se determinado cargo é ou não de confiança. Depende de cada caso concreto. Para Délio Maranhão[9], o que importa é o relevo da função, tendo em vista os fins a que se destina a atividade do empregador. Seriam, então, de confiança, as funções cujo exercício coloque em jogo a própria existência da empresa, seus interesses fundamentais no desenvolvimento de suas atividades, bem como sua segurança. Assim, mesmo no caso do cargo de confiança técnica acima mencionado, poderíamos identificar, em algumas situações específicas, um típico caso de cargo de confiança. Tudo depende do objeto social da empresa e da importância do cargo.

Valentin Carrion[10] não vê razão para que haja distinção entre gerente administrativo e gerente industrial. Seria paradoxal

---

[9] MARANHÃO, Délio. *Direito do Trabalho*, 14ª edição. Rio de Janeiro: Editora da Fundação Getúlio Vargas, 1987, p. 55.
[10] CARRION, Valentin. *Comentários à Consolidação das Leis do Trabalho*, 25ª edição. São Paulo: Editora Saraiva, 2000, p. 112.

acreditar que o gerente industrial responsável pela produção, com centenas de empregados sob seu comando, tem confiança menor do empregador, somente pelo fato de sua atuação estar fora do campo administrativo. Por estas razões, seria incabível a distinção.

Não se deve também confundir o exercente de cargo de confiança com simples chefe de serviço encarregado de função de rotina permanente.

II.4.E O sócio minoritário da sociedade contratual: similitudes com os cargos de confiança

Caso o sócio possa ser considerado empregado da sociedade de que participa, ser-nos-ia possível aventar a hipótese de que tal sócio seria um empregado de confiança.

Por esta razão, interessa a nosso estudo averiguar se isto é juridicamente viável. Orlando Gomes[11] entende que não, pois estaríamos diante da situação em que alguém seria empregado de si mesmo.

Octávio Bueno Magano[12] vincula o volume da participação do sócio à possibilidade de este vir a ser seu empregado. O insigne autor faz interessante análise desta possibilidade, verificando-a em cada tipo societário. Assim, tanto na sociedade por ações, quando for controlador, quanto na sociedade por cotas, quando for sócio cotista majoritário, é impossível a coexistência da condição de sócio com a de empregado. Igual sorte tem o sócio comanditado e também o comanditário na sociedade em comandita simples. Na sociedade de capital e indústria, os sócios de indústria têm apenas aparência de sócio, sendo, contudo, verdadeiros empregados, tanto que, atualmente, vêm sendo substituídos por empregados altamente qualificados, com cláusula contratual de participação nos lucros. Na sociedade em nome coletivo, onde todos os sócios são ilimitadamente responsáveis, fica difícil aceitar que o

---

[11] GOMES, Orlando; GOTTSCHALK, Elson. *Curso de Direito do Trabalho*, 14ª edição. Rio de Janeiro: Forense, 1995, p. 84.
[12] MAGANO, Octávio Bueno. *Manual de Direito do Trabalho, Direito Individual do Trabalho*, volume II. São Paulo: Editora LTr, 1981, pp. 121/123.

sócio possa ser empregado. Entretanto, se o sócio tem participação de somenos importância, nada obsta que, concomitantemente, desfrute a condição de empregado.

A sociedade possui personalidade jurídica própria que não se confunde com a das pessoas de seus sócios. Parece-nos, por esta razão, que não haveria, em princípio, óbice legal à coexistência da condição de sócio com a de empregado.

Tal empregado, pelo fato de ser sócio da empresa para a qual trabalha e, por isso, exercer funções de gestão, tem grande possibilidade de ser considerado um exercente de cargo de confiança. A averiguação completa depende de análise de circunstâncias específicas de cada caso concreto.

II.5 A CATEGORIA DOS ALTOS EMPREGADOS E A LEGISLAÇÃO ESTRANGEIRA

A categoria dos altos empregados tem regime jurídico diferenciado na maioria das legislações estrangeiras[13].

Na Itália, a lei de emprego privado prevê estatuto especial para os empregados mais qualificados. Na Alemanha, os *Leitende Angestellte* igualmente possuem diploma normativo especial. Na França, os *employés supérieurs* são tratados diferentemente dos empregados comuns, tanto pela legislação quanto pela doutrina. No México há também tratamento especial, tanto é assim que deles importamos a terminologia *altos empregados*.

---

[13] GOMES, Orlando; GOTTSCHALK, Elson. *Curso de Direito do Trabalho*, 14ª edição. Rio de Janeiro: Forense, 1995, pp. 86/87.

III. O Princípio Protetivo e os Empregados Exercentes de Altos Cargos: proporcionalidade

III.1 A JUSTIÇA, O DIREITO E A IGUALDADE

Grande polêmica grassa entre os filósofos do direito acerca da relação existente entre o sistema jurídico e a justiça: o direito tem necessariamente de identificar-se com o justo?

Kelsen[14] entende que o direito se reduz a uma imposição social que independe de sua identidade ou não com os critérios de justiça para ter validade. A Justiça seria algo emocional e subjetivo cujo estudo é tarefa da religião e da metafísica. Para ele, uma norma jurídica positiva não pode ser injusta, sob qualquer ponto de vista. Pela Teoria Pura do Direito, só existe um direito: o direito positivo.

Para outros autores, dentre os quais podemos mencionar André Franco Montoro[15], a noção do justo é fundamental ao direito. Direito e Estado seriam entidades abstratas e ineficazes se

---
[14] KELSEN, Hans. *O problema da Justiça*. São Paulo: Martins Fontes, 1993, pp. 10 e 117.
[15] MONTORO, André Franco. *Introdução à Ciência do Direito*, 25ª edição. São Paulo: Editora Revista dos Tribunais, p. 125.

não houvesse um princípio fundamental que a legitimasse e este princípio é a Justiça.

Sem nos esforçarmos em estabelecer um conceito de Justiça, matéria extremamente rica e prolixa, apenas fixaremos nossa atenção no elemento essencial e básico dela que é a igualdade.

Em seu sentido material podemos asseverar que a igualdade é uma relação de equivalência referente à quantidade. Transpassando o conceito para o campo do direito, não podemos falar em mera conformidade numérica, mas sim em equivalência moral. Assim, para o direito, igualdade é o equilíbrio moral.

Aristóteles[16], em sua obra *Ética a Nicômano*, aborda, de forma exímia, o assunto:

> *"Ora, o juiz restabelece a igualdade. É como se houvesse uma linha dividida em partes desiguais e ele retirasse a diferença pela qual o segmento maior excede a metade para acrescentá-la ao menor. E quando o todo foi igualmente dividido, os litigantes dizem que receberam 'o que lhes pertence' – isto é, receberam o que é igual".*

Assim, segundo esta idéia, faz-se justiça tratando desigualmente os desiguais, a fim de nivelá-los.

III.2 O PRINCÍPIO PROTETIVO E A IDÉIA DE JUSTIÇA

O princípio fundamental que inspira o legislador laboral e norteia os aplicadores e operadores do Direito do Trabalho é, por excelência, o Princípio Protetivo, que está ligado à própria razão de ser deste ramo do Direito.

A liberdade de contratar entre pessoas, com poderes e capacidades econômicas desiguais, leva à exploração da parte menos privilegiada, o empregado, pela parte mais poderosa, o empregador.

Quando se protege alguém, deve-se, de alguma forma, favorecê-lo. Assim, criando-se novas desigualdades corrigem-se

---

[16] ARISTÓTELES. Ética a Nicômano. In: *Os pensadores*, Volume IV. São Paulo: Editora Abril, pp. 326/327.

as desigualdades anteriormente existentes. Busca-se igualar, isto sim, as condições de luta pelo direito, entre o economicamente frágil e o abastado.

A partir desta idéia central, o Princípio Protetivo desdobra-se em outros subprincípios que, igualmente, têm este mesmo fundamento: tratar desigualmente os desiguais para fazer justiça, revigorando a clássica noção de justiça de Aristóteles, baseada nos critérios formais da igualdade e da proporcionalidade.

Américo Plá Rodrigues[17] vislumbra três formas de expressão deste Princípio no Direito Laboral: *no campo da interpretação* viu o princípio aparecer na regra do *in dubio pro operario*, segundo a qual havendo dois sentidos possíveis e razoáveis a serem aplicados a uma norma jurídica, deve-se, em caso de dúvida, aplicar a interpretação mais favorável ao obreiro; tratando-se de *conflito de normas* deve-se utilizar a regra da *norma mais favorável*, que determina que, ante o conflito aparente de duas ou mais normas igualmente aplicáveis a determinado caso concreto, deve-se utilizar a mais favorável ao trabalhador; por fim, detecta a regra da *condição mais benéfica*, que proíbe a aplicação de normas trabalhistas de qualquer espécie que venham a *piorar situação concreta* anteriormente desfrutada pelo empregado.

Passa em seguida o festejado autor[18] a enumerar outros princípios que, pelo tratamento destacado que lhes dá, erige à categoria de princípios autônomos em face do princípio protetivo. Dentre eles podemos mencionar o da irrenunciabilidade, o da continuidade da relação de emprego, o da primazia da realidade, o da razoabilidade e o princípio da boa-fé.

A nosso ver, os três primeiros deveriam ser tratados não de forma independente do princípio protetor, mas sim, como seus desdobramentos. Tanto o princípio da irrenunciabilidade quanto o da continuidade da relação de emprego e o da primazia da realidade têm, como fundamento, a idéia de criar desigualdades de tratamento para restabelecer uma igualdade que era inexistente. Esta noção é a espinha dorsal do princípio da proteção e, por este

---

[17] RODRIGUEZ, Américo Plá. *Princípios de Direito do Trabalho*, 4ª tiragem. São Paulo: Editora LTr, 1996, pp. 42/65.
[18] Idem, p. 217.

motivo, parece-nos que os princípios mencionados neste parágrafo devem ser vistos como desdobramentos do grande princípio que é o protetivo e não como princípios autônomos.

Temos, destarte, que o princípio da proteção é o cerne de todo o Direito Laboral, tanto no que diz respeito à edição das normas quanto à sua aplicação.

III.3 GRADAÇÃO DA CONFIANÇA E O PRINCÍPIO DA PROTEÇÃO

Cumpre perguntar se o princípio da proteção deve ser aplicado de maneira absoluta, qual seja, de forma igualitária para toda e qualquer espécie de empregado. Entendemos que não.

Quanto mais capacitado para ocupar um cargo de confiança, menor a desigualdade econômica existente entre empregado e empregador. Quem, dentro da atual conjuntura econômica, espantar-se-ia por saber que certo diretor de uma sociedade tem situação econômica mais vantajosa do que a dos próprios sócios da empresa para a qual presta seus serviços?

Assim, seria extremamente injusto aplicar-se, da mesma forma, a proteção do Direito Laboral a um humilde operário e a um diretor empregado de uma sociedade anônima. O tratamento desigual, que visava restabelecer um equilíbrio na relação jurídica de emprego, desvirtua esta harmonia, fazendo a balança pender para o lado oposto.

Esta idéia de graduar a proteção, diminuindo-a quando se tratar de empregado exercente de cargo de confiança, foi largamente adotada pelos idealizadores da CLT, através de privações de direitos comuns à generalidade dos empregados a ocupantes de cargos de confiança, como adiante analisaremos de forma pormenorizada.

Cumpre ressaltar, por fim, que, não só o legislador, mas também o aplicador do direito, deve pautar-se nesta gradação ao socorrer-se do princípio protetivo, e isto de acordo com o grau de confiança exercida pelo empregado, sob pena de termos um Direito do Trabalho distorcido em sua aplicação e injusto em seus fundamentos.

III.4 GRAUS DE SUBORDINAÇÃO

Além de distinguir a natureza da subordinação (econômica, técnica, social, moral, jurídica), podemos separar a subordinação em graus de acordo com sua intensidade[19].

A subordinação é *absoluta* quando o empregado sujeita sua própria força de trabalho diretamente ao empregador. Trata-se do mais profundo estado de subordinação. Pode esta energia ser ou não utilizada pelo empregador. Quanto mais singelo o empregado, mais a subordinação absoluta aflora. Nesta hipótese o objeto do contrato de trabalho é *imediato*, qual seja, *o trabalho do obreiro* considerado em si mesmo, independentemente de ser atingido ou não o objetivo do empregador.

A subordinação é *relativa* quando o empregado sujeita-se ao fim objetivado pelo empregador, sendo livre na utilização de sua força de trabalho, que deve ser direcionada por ele ao fim para o qual foi contratado. O objeto do contrato de trabalho é *mediato*, ou seja, o *direcionamento da energia* para o resultado que o empregador deseja. Quanto maior a confiança depositada pelo empregador mais relativa é a subordinação.

Podemos afirmar, pois, que a subordinação dos altos empregados e exercentes de cargo de confiança é relativa e o objeto de seu contrato de trabalho é mediato.

---

[19] PINTO, José Augusto Rodrigues. *Curso de Direito Individual do Trabalho*, 4ª edição. São Paulo: Editora LTr, 2000, pp. 110/111.

IV. Espécies de Confiança

A Consolidação das Leis do Trabalho trata a confiança inerente ao contrato de trabalho graduando-a em vários níveis, segundo a visão de Mozart Victor Russomano[20]: a confiança genérica, a específica, a excepcional e a estrita, que passaremos a distinguir e estudar.

IV.1 CONFIANÇA GENÉRICA

Esta confiança é pressuposto para a existência da relação de emprego e é, por esta razão, comum à totalidade dos empregados. Sem esta espécie de confiança fica inconcebível a existência e permanência do contrato de trabalho. Tanto é assim, que podemos dizer que, com o cometimento de um ato doloso ou culposo grave praticado tanto por empregado como por empregador, há motivo para ensejar ou a despedida indireta ou a demissão por justa causa, pois desaparece a confiança e a boa-fé existente entre as partes, o que torna impraticável o prosseguimento da relação laboral[21].

---

[20] RUSSOMANO, Mozart Victor. *Comentários à CLT*, 17ª edição, volume I. Rio de Janeiro: Forense, 1997, p. 138.
[21] SÜSSEKIND, Arnaldo; MARANHÃO, Délio; VIANNA, Segadas; TEIXEIRA, Lima. *Instituições de Direito do Trabalho*, 16ª edição, volume I. São Paulo: Editora LTr, 1996, p. 565.

IV.2 CONFIANÇA ESPECÍFICA

Esta é uma confiança especial relativa aos bancários. Seu conceito não se confunde com a confiança do gerente do artigo 62 da CLT, que o retira da proteção das normas referentes à jornada de trabalho, nem tampouco assemelha-se à fidúcia dos cargos mencionados no artigo 499 da CLT. É uma confiança específica, com características próprias, que tem por finalidade excluir os bancários, que nela se enquadrem, da jornada especial de 6 horas diárias e 30 horas por semana, nos termos do *caput* do artigo 224 consolidado. O que caracteriza esta confiança é sua amplitude. A redação do § 2.º do dispositivo legal citado menciona, de forma exemplificativa, os que exercem função de direção, gerência ou fiscalização, chefia e equivalentes ou que desempenhem outros cargos de confiança. Como se vê, não há exigência de efetivo poder de gestão. Exige-se, outrossim, que o valor da gratificação que receba não seja inferior a um terço do salário do cargo efetivo. Aponta-se a existência de subordinados como elemento importante para sua caracterização, como adiante veremos.

O TST, através da Resolução Administrativa nº 121 de 2003, deu nova redação ao Enunciado 204, retirando a parte que mencionava a não exigência de amplos poderes cogitada pelo artigo 62, alínea "b", da CLT. Entretanto, tal procedimento não desautoriza a interpretação de que não são necessários tais poderes para a incidência do § 2.º do artigo 224 da CLT. O que se determina, agora, é que se prove o efetivo exercício das reais atribuições do empregado ocupante de cargo de confiança específica do bancário.

IV.3 CONFIANÇA ESTRITA

Confiança estrita é a exposta no artigo 499 da CLT. Exclui da proteção da estabilidade os gerentes, os ocupantes do cargo de diretoria e os exercentes de outros cargos de confiança imediata do empregador. Não há, também nesta hipótese, como na anterior, exigência de exercício de funções de mando ou gestão, como no caso dos gerentes do artigo 62 sobre os quais falaremos a seguir. Estes, evidentemente, estão incluídos neste dispositivo. No entanto, o artigo alberga outros cargos de confiança imediata do empregador, incluindo os de diretoria. Exige-se apenas a confiança estrita do empregador[22]. Entendemos que bastam para sua caracterização: que as funções exercidas pelo empregado envolvam preponderantemente tarefas relevantes e típicas do empregador, às quais anteriormente nos referimos; que haja uma efetiva remuneração superior à média daquela percebida pelos outros empregados; e, por fim, que o empregado tenha certa parcela de autonomia nas decisões que venha a tomar. Um indício que pode caracterizar esta espécie de confiança é, a exemplo da confiança específica do bancário (artigo 224, § 2.º da CLT), a existência de subordinados.

IV.4 CONFIANÇA EXCEPCIONAL

É a atribuída aos gerentes descritos no artigo 62, inciso II da CLT. São considerados gerentes, para efeito de excluí-los da proteção contida no capítulo II da CLT, que cuida da duração do trabalho, os exercentes de cargo de gestão, aos quais se equiparam os diretores e chefes de departamento ou filial. Ressalte-se que somente o cargo não basta, é preciso que estes envolvam poderes de gestão.

Aqui o legislador exigiu a existência de uma confiança excepcional, a ponto de o empregador conferir ao empregado poderes de tal monta que o capacitem a exercer as funções mais nobres e importantes do próprio empreendedor, quais sejam: a de dar rumo aos negócios, a de gerir a empresa e a de representar a sociedade perante terceiros. É possível distinguir estas atribuições daquelas da confiança estrita, uma vez que nestas são conferidos aos empregados poderes tão abrangentes que podem até mesmo comprometer o negócio como um todo.

Este é o grau mais acentuado e profundo de fidúcia prevista na CLT que o empregador pode conferir a um empregado.

---

[22] RUSSOMANO, Mozart Victor. *Comentários à CLT*, 17ª edição, volume I. Rio de Janeiro: Forense, 1997, p. 303.

IV.5 A CONFIANÇA DO ARTIGO 468, PARÁGRAFO ÚNICO E 469 § 1.º DA CLT

A classificação das diversas espécies de confiança previstas na CLT, elaborada por Russomano, apesar de brilhante, é omissa quanto aos cargos de confiança previstos no artigo 468, parágrafo único e 469, § 1.º, da CLT, posto que a eles nenhuma menção é feita. As duas circunstâncias enquadram-se, entretanto, como espécies semelhantes à da confiança estrita do artigo 499 da CLT. A situação é análoga, dado que não há, também, nenhum qualificativo exposto pelo legislador para estes cargos de confiança, a exemplo da hipótese de exclusão da estabilidade do artigo 499, consolidado. Ademais, os motivos justificadores desta última podem ser adotados nos dois casos anteriores, quais sejam: a fidúcia depositada pelo empregador e a necessidade de mobilidade que cargos desta natureza, necessariamente, têm de possuir.

Podemos, desta maneira, asseverar que para a incidência do artigo 468, parágrafo único e 469, § 1.º, ambos da CLT, é desnecessário o poder de mando ou gestão (artigo 62, II da CLT). Basta a confiança estrita do empregador, de acordo com o descrito no tópico respectivo.

IV.6 A IDÉIA DE UM CARGO DE CONFIANÇA ÚNICO PARA TODO O DIREITO DO TRABALHO

Cesarino Júnior[23] não via o cargo de confiança dividido em vários tipos. Segundo ele, os diversos dispositivos que mencionam cargos de confiança, cada qual com uma finalidade específica, trazem elementos caracterizadores que, sintetizados, qualificariam o cargo de confiança.

Assim, ao extrair dos dispositivos esparsos pela CLT diversos atributos do cargo de confiança no Direito do Trabalho, presentes ora num artigo ora noutro, agrupa-os para apontar os requisitos adotados pela lei, para caracterizá-lo. Seriam estes os qualifica-

---

[23] CESARINO JÚNIOR, A. F. *Consolidação das Leis do Trabalho*, 4ª edição, volume I. São Paulo, Rio de Janeiro: Livraria Freitas Bastos, 1956, pp. 176/177.

tivos: a) a investidura de mandato em forma legal; b) exercício de encargos de gestão; c) padrão mais elevado de vencimentos; d) ser, exemplicativamente, diretor ou gerente; e) exercer cargo de confiança imediata do empregador.

Não nos parece acertada esta visão, pois, como vimos anteriormente, não foi a intenção do legislador aplicar um único critério para caracterizar o cargo de confiança para todas as hipóteses previstas na Consolidação, o que geraria muita injustiça.

José Augusto Rodrigues Pinto[24] tem opinião neste sentido, pois, para ele, os exercentes de cargos de confiança, seriam um só no Direito do Trabalho, caracterizando-se por serem "os que enfeixam, por delegação, poderes de mando e disciplina", tendo "a representação da empresa perante terceiros, distinguindo-se dos demais, por um padrão retributivo notoriamente mais elevado dentro dela".

---

[24] PINTO, José Augusto Rodrigues. *Curso de Direito Individual do Trabalho*, 4ª edição. São Paulo: Editora LTr, 2000, p. 403.

V. Diretor de Sociedade Anônima

V.1 INTRODUÇÃO

É de grande alcance prático a determinação do conjunto de normas que incidirá na relação jurídica travada entre uma Sociedade Anônima e seu Diretor, pois, dependendo do regime adotado, os direitos e obrigações entre as partes serão sobremaneira distintos.

Para ilustrar, imagine-se a situação de um diretor que é considerado não empregado por uma Sociedade Anônima. Aquele entra com uma ação trabalhista em face desta e tem o vínculo de emprego reconhecido. Este reconhecimento trará conseqüências pecuniárias de grande vulto: a maioria das verbas recebidas serão consideradas salário e sobre elas incidirão 8% dos depósitos do FGTS, acrescidos de 40%, no caso de rescisão imotivada do contrato; surgirá o direito a férias, 13.º salário, descanso semanal remunerado etc.; as vantagens indiretas, como automóveis, cartão de crédito, habitação etc. poderão vir a ser consideradas salário para todos os efeitos e incidirão na base de cálculo de férias, 13.º salário, depósitos do FGTS etc. Tudo será devido retroativamente até 5 anos que antecedem o ajuizamento da ação, podendo, como ocorre de forma bastante freqüente neste tipo de ação, envolver cifras astronômicas em face das vultosas remunerações normalmente recebidas por esses profissionais.

Outro aspecto que torna o tema candente é o entrelaçamento de dois ramos do Direito, o Comercial e o do Trabalho. As barreiras determinantes da aplicação de um ou outro são muito tênues e, não raras vezes, conflitantes quando o assunto é a determinação da espécie de relação jurídica havida entre a Companhia e seu Diretor.

Buscamos apontar os aspectos que tenham alguma relevância para a solução da questão anteriormente aventada, analisando os argumentos favoráveis e contrários a cada tese.

V.2 NATUREZA JURÍDICA DO CARGO DE DIRETOR

A determinação da natureza jurídica do cargo de diretor pode fornecer subsídios para a determinação do regime a que está sujeito o diretor da sociedade.

Quanto a esta natureza podemos observar a existência de algumas doutrinas a respeito, dentre as quais mencionamos a teoria da representação, a teoria do mandato e a teoria organicista.

Segundo a teoria da representação, o diretor manifestaria sua vontade, que substituiria a vontade da sociedade, que não pode ser externada, por ser esta um ente moral. Assim, a manifestação de vontade dos diretores seria equivalente à vontade do pai em relação aos filhos menores e dos curadores em relação aos loucos. Valverde contesta este entendimento[25], argumentando que os diretores, quando dirigem serviços internos da sociedade, como a contabilidade, não representam a sociedade.

A teoria do mandato, que tem Vivante por autor, baseia-se no entendimento de que o diretor age como mandatário "e, por isso, não responde pelas obrigações que assume em nome da sociedade, desde que permaneça nos limites de seus poderes"[26].

---

[25] REQUIÃO, Rubens. *Curso de Direito Comercial*, 20ª edição, volume 1. São Paulo: Saraiva, 1991, p. 318.
[26] Idem.

Aponta-se que a revogabilidade, a qualquer tempo, do ato que nomeia o diretor é elemento caracterizador do mandato, que também pode ser revogado a qualquer tempo.

Ressalte-se, contudo, que não basta a mera possibilidade de destituição "ad nutum" do cargo para caracterizar o mandato. Outros elementos são necessários para que efetivamente este exista. Dentre alguns aspectos que descaracterizam a gerência como mandato podemos apontar a possibilidade de os administradores manifestarem sua vontade pessoal, fato não característico do mandato, bem como a impossibilidade de o gerente praticar o direito de retenção sobre a coisa administrada, direito assegurado ao mandatário.

Temos ainda a teoria organicista, que vê na manifestação da vontade das pessoas físicas que ocupam cargos nos centros de poder da administração das Sociedades Anônimas a expressão de vontade destas. Assim sendo, é correto asseverar que os órgãos não substituem a vontade da Sociedade Anônima mas expressam-na originalmente[27]. A título de elucidação didática, podemos afirmar que a relação existente entre os órgãos e a Companhia é semelhante à relação existente entre o coração, pulmão, cérebro etc. com o corpo humano: cada qual com uma função específica, fazendo parte integrante do todo. Temos na companhia a Assembléia Geral, que é o órgão de deliberação que expressa a vontade da sociedade, a Diretoria, que é o órgão de execução que realiza a vontade social, e o Conselho Fiscal, que é o órgão de controle que fiscaliza a atuação dos órgãos anteriores. Podemos assim afirmar que os órgãos "não são, a rigor, representantes, mas presentantes, no sentido que tornam presente a vontade da companhia"[28].

Caso se adote ou a teoria da representação ou a teoria do mandato, verifica-se que é possível ao Diretor da Sociedade Anônima ser considerado empregado, uma vez que nem a representação nem o mandato são incompatíveis com o contrato de trabalho[29]. O empregado pode possuir mandato da empresa, bem como pode representá-la genericamente.

---

[27] COELHO, Fábio Ulhoa. *Curso de Direito Comercial*, volume 2. São Paulo: Saraiva, 1999, p. 193.
[28] Idem.
[29] GOMES, Orlando; GOTTSCHALK, Elson. *Curso de Direito do Trabalho*, 14ª edição. Rio de Janeiro: Forense, 1995, pp. 150 e 152.

Todavia, adotando-se a teoria organicista, a solução é diversa: caso se entenda que o diretor é órgão da empresa, com as características anteriormente apontadas, fica logicamente inviável a coexistência das duas situações.

Octávio Bueno Magano[30] conceitua o contrato de trabalho como sendo "o negócio jurídico pelo qual uma pessoa física se obriga, mediante remuneração a prestar serviços, não eventuais, a outra pessoa ou entidade, sob a direção de qualquer das últimas". Deste conceito extrai alguns elementos constitutivos deste contrato, dentre os quais aponta a alteridade.

A alteridade pressupõe a prestação de serviços por conta alheia. Assim, o tomador do trabalho do empregado, assumindo os riscos da atividade que pratica, adquire a propriedade resultante do trabalho de outrem. Portanto, é pressuposto do elemento alteridade a existência de dois sujeitos distintos: um tomador e um prestador de serviços, que não se confundem.

Admitindo-se que o diretor é órgão da empresa, podemos afirmar que "existe, neste particular, perfeita identificação entre a pessoa física e a pessoa jurídica"[31]. A conseqüência inafastável desta conclusão, abstraindo-se da análise de outros aspectos, é que entre o Diretor e a Sociedade Anônima seria impossível haver Contrato de Trabalho, uma vez que falta um elemento essencial deste, qual seja, a alteridade.

Neste sentido é o pensamento de Délio Maranhão[32] para quem

> *"o diretor ou administrador de sociedade anônima, representante legal da pessoa jurídica, não como mandatário (o mandato pressupõe dois sujeitos), mas como uma pessoa física, da qual depende o funcionamento da própria pessoa jurídica, não pode ser, conseguintemente, empregado da sociedade, um de cujos órgãos integra".*

---

[30] MAGANO, Octávio Bueno. *Manual de Direito do Trabalho*, (Direito Individual do Trabalho), volume II. São Paulo: Editora LTr e Editora da Universidade de São Paulo, 1980, pp. 45/57.

[31] REQUIÃO, Rubens. *Curso de Direito Comercial*, 20ª edição, volume I. São Paulo: Saraiva, 1991, p. 318.

[32] MARANHÃO, Délio. *Direito do Trabalho*, 14ª edição. Rio de Janeiro: Editora da Fundação Getúlio Vargas, 1987, p. 58.

Cumpre ressaltar, por fim, que a análise de outros aspectos, que serão estudados no transcorrer deste trabalho, podem servir de supedâneo para infirmar esta conclusão, como adiante se verá.

V.3 A SITUAÇÃO DO DIRETOR ACIONISTA

Um aspecto que tem relevância para a determinação da natureza do vínculo empregatício é verificar se o Diretor possui ou não ações da Companhia. Em caso afirmativo, poderíamos apontar este fato como óbice ao reconhecimento de um eventual vínculo empregatício?

Inicialmente, poderíamos argumentar no sentido de que o Diretor, possuindo ações da Sociedade Anônima, participaria de seu capital social e poderia, portanto, ser considerado sócio dela. A situação jurídica de sócio seria incompatível com a de empregado.

Ocorre, entretanto, que a sociedade por ações é uma sociedade de capital. Esta se contrapõe à sociedade de pessoas, onde são importantes os atributos pessoais do sócio componente. Nas sociedades de capital tais atributos não são questionados. A participação no capital social, em muitos casos, decorre de um investimento efetuado pelo acionista, com vistas na obtenção de uma rentabilidade que lhe pareça ser mais vantajosa. Vê-se, sob esta perspectiva, que o acionista da sociedade por ações, típica sociedade de capital, não possui, necessariamente, a característica do empreendedor, podendo ser um mero prestador de capital. Assim, podemos observar que a simples propriedade de ações da companhia, por si só, não exclui a possibilidade de o acionista vir a ser empregado da sociedade de cujo capital social participa. Esta situação é muito comum em relação a bancários que, a despeito de serem acionistas do Banco empregador, não deixam de ser empregados deste.

Parece-nos que a propriedade de ações somente obstaria a condição de empregado na hipótese de, em face de seu vulto, vir a gerar influência nas deliberações assembleares da companhia. Nesta direção é o entendimento de Sérgio Pinto Martins[33]:

---

[33] MARTINS, Sérgio Pinto. *Direito do Trabalho*, 8ª edição. São Paulo: Editora Atlas, 1999, p. 137.

> *"Pode, assim, a pessoa ter influência nas decisões da sociedade como acionista ou cotista, tendo 51% das ações ou cotas, ou mesmo possuindo quantidade inferior, bastando que tenha o controle das deliberações da sociedade, pelo fato de a maioria das ações estar pulverizada entre várias pessoas. Seria o caso de ter, por exemplo, 10 ou 20% das ações ou cotas, estando as demais ações ou cotas nas mãos de várias pessoas, que, isoladamente, nada representam".*

Ademais, a própria existência da pessoa jurídica parte de uma idéia fundamental que é a noção da ausência de identidade entre a pessoa física do sócio com a pessoa jurídica da qual participa nessa condição, como anteriormente mencionamos.

Assim, pelas razões esboçadas, podemos concluir que não são incompatíveis as condições de empregado e acionista da sociedade anônima, desde que a propriedade das ações não seja de tal monta que o empregado deixe de ser subordinado e passe a ser o elemento subordinante que acaba por influir nos rumos da sociedade empregadora.

V.4 NEGOCIAÇÕES ENTRE CONTROLADOR E ADMINISTRADOR E O CONTRATO REALIDADE

Antes da formalização na ata de Assembléia Geral ou de reunião do Conselho de Administração, pode haver uma negociação prévia entre o diretor e o acionista controlador acerca das condições sob as quais serão exercidas as funções, tais como estratégias, funções, remuneração e, eventualmente, um pacto em que se estabeleça previamente que a relação jurídica que se travará entre o Diretor e a Sociedade será regida pelo Direito Comercial e não pelo Direito do Trabalho.

Ocorre, entretanto, que o Direito do Trabalho, em face de suas peculiaridades, apresenta princípios próprios e particulares que norteiam sua atuação. Américo Plá Rodriguez[34] aponta como

---

[34] RODRIGUEZ, Américo Plá. *Princípios de Direito do Trabalho*, 4ª tiragem. São Paulo: Editora LTr, 1996, p. 217.

um princípio norteador do Direito Laboral, o da Primazia da Realidade, que "significa que, em caso de discordância entre o que ocorre na prática e o que emerge de documentos ou acordos, deve-se dar preferência ao primeiro, isto é, ao que sucede no terreno dos fatos". Assim sendo, segundo este princípio, é errôneo julgar a natureza de uma relação de acordo com o que as partes tenham pactuado, uma vez que as estipulações consignadas que destoarem da realidade fática não terão nenhum valor jurídico.

Aponta, ainda, especificamente como alcance prático do princípio, que a condição de empregado depende dos fatos e não da atribuição do empregador.

Desta forma, podemos observar que, pelo princípio da Primazia da Realidade, o vínculo empregatício deveria ser reconhecido com todas as conseqüências econômicas e jurídicas desde que, no mundo dos fatos, estivessem presentes os elementos caracterizadores da relação de emprego, em que pese exista eventual ressalva feita por acordo entre as partes.

Destas ponderações podemos indagar acerca do regime jurídico que regerá a relação entre a Sociedade Anônima e seu Diretor: o Direito do Trabalho ou o Direito Comercial? Trata-se de questão bastante complexa, que apresenta inúmeros desdobramentos que adiante analisaremos.

V.5 DIRETOR ELEITO E DIRETOR DESIGNADO

Cumpre frisar que a presente análise avalia a situação do diretor estatutário da Sociedade Anônima. O empregado que venha a ser designado diretor de determinada sociedade por ações, cujo estatuto não preveja sua existência, tem situação semelhante à dos ocupantes de cargo de confiança e seu regime jurídico é o geral para esta categoria de empregados. As questões das quais nos ocuparemos de maneira específica neste capítulo referem-se ao diretor estatutário da Sociedade Anônima, cujo enquadramento singular merece apreciação apartada dos demais exercentes de cargo de confiança.

V.6 O EXERCÍCIO DO CARGO DE DIRETOR POR EMPREGADO OU POR ELEMENTO ESTRANHO A SEUS QUADROS

Um aspecto que merece menção em face de sua relevância e conseqüências práticas é o fato de o diretor ter ou não ter sido empregado da Sociedade em momento anterior ao desempenho de suas funções. Numa primeira reflexão perfunctória poderíamos imaginar ter encontrado a solução para a pergunta inicial: se o diretor já era empregado continuará a sê-lo e, na hipótese contrária, não poderá ser assim considerado. Ocorre que a solução do ponto é bem mais complexa do que esta singela reflexão nos leva a crer, uma vez que outros elementos devem ser utilizados para compor um quadro final completo, como veremos a seguir.

V.6.A O diretor que era empregado anteriormente

Em face da prévia existência de um contrato de trabalho entre a Sociedade Anônima e o diretor, cumpre analisar o que ocorreu com este contrato quando o empregado assumiu o cargo de diretor.

Quatro hipóteses são aventadas pela tecnologia jurídica trabalhista[35]: o contrato de trabalho continua tendo vigência plena ou houve extinção, suspensão ou interrupção do contrato de trabalho.

V.6.A.a *Manutenção do contrato de trabalho*

Alguns autores asseguram que o empregado eleito diretor de Sociedade Anônima não sofre nenhuma alteração em sua situação jurídica, passando apenas a ocupar um cargo de confiança, do qual pode ser destituído, pois o legislador laboral exclui a proteção da inalterabilidade *in pejus* das condições pactuadas no contrato de trabalho quando essa alteração referir-se a retorno ao cargo anteriormente ocupado (artigo 468, parágrafo único da CLT).

---

[35] MARTINS, Sérgio Pinto. *Direito do Trabalho*, 8ª edição. São Paulo: Editora Atlas, 1999, p. 134.

V.6.A.b Extinção do contrato de trabalho

O empregado, ao assumir o cargo de Diretor, renunciaria à sua condição de empregado, pois haveria incompatibilidade e contradição entre a condição de diretor e a de empregador pelas razões expostas anteriormente. Mozart Victor Russomano[36] entende que há extinção do contrato de trabalho. Marthins Catharino, citado por Délio Maranhão[37], assevera que, "quando a intensidade de colaboração suplanta a subordinação, no plano jurídico, desaparece a relação de emprego".

Rescindido anteriormente o contrato de trabalho, não há falar em direitos trabalhistas por ocasião de saída do cargo de diretor, bem como não fica assegurado ao ex-empregado o retorno à função anteriormente ocupada.

V.6.A.c Suspensão do contrato do trabalho

Ocorre a suspensão do contrato de trabalho quando não há obrigação de o empregado prestar serviço e também de o empregador pagar salários ou efetuar qualquer contraprestação pecuniária. Quando ocorre a suspensão não há contagem do tempo de serviço.

Alguns autores entendem que, quando um empregado é eleito diretor da Sociedade Anônima que era sua empregadora, não há rescisão do contrato de trabalho, mas mera suspensão deste. O alcance prático deste entendimento difere do anterior à medida que admite ao Diretor o retorno à posição que ocupava na empresa por ocasião de seu desligamento para ocupar o cargo de Diretoria, com todos os benefícios e vantagens auferidas pelos empregados que exerciam a mesma função no período de afastamento. Há entendimento no sentido de que, além de constar que houve a suspensão do contrato de trabalho em anotação na CTPS do Diretor,

---

[36] RUSSOMANO, Mozart Victor. *Comentários à CLT*, 13ª edição, volume I. Rio de Janeiro: Forense, 1990, p. 17.
[37] MARANHÃO, Délio. *Direito do Trabalho*, 14ª edição. Rio de Janeiro: Editora da Fundação Getúlio Vargas, 1987, p. 58.

deve a ata da Assembléia que consignou a eleição do Diretor empregado fazer igualmente apontamentos neste sentido[38].

V.6.A.d Interrupção do contrato de trabalho

Ocorre a interrupção do contrato quando, a despeito da ausência da obrigação de prestar trabalho, permanece para o empregador o dever de prestar alguma contraprestação pecuniária em benefício do empregado, como salários, depósitos do FGTS etc. Ocorrendo a interrupção do contrato de trabalho, há contagem do tempo de serviço deste período para todos os fins.

Evaristo de Moraes Filho, citado por Octávio Bueno Magano[39], entende que o tempo em que o empregado eleito Diretor exerce seu mister é de interrupção do contrato de trabalho.

V.6.B O Diretor que nunca foi empregado da Sociedade Anônima

Resta analisar a situação jurídica do Diretor que nunca pertenceu ao quadro de empregados da Companhia que passa a dirigir.

É possível considerar empregado um Diretor que nunca tenha pertencido ao quadro de pessoal da Sociedade. Nesta hipótese, pode-se, inicialmente, presumir que é societária a relação. Entretanto, basta que este preencha os requisitos previstos no artigo 3.º da CLT, quais sejam: pessoalidade, habitualidade, onerosidade e subordinação, para que esteja configurado o vínculo empregatício com a Companhia e a conseqüente aplicação do regime jurídico trabalhista a regular suas relações.

É relevante apreciar o alcance do disposto no artigo 16 da Lei 8.036/90, que regulamenta o FGTS. Ela fala, como já citado anteriormente, em equiparação de diretores não empregados aos demais trabalhadores sujeitos ao regime do FGTS, mas não escla-

---

[38] NASCIMENTO, Amauri Mascaro. *Curso de Direito do Trabalho*, 16ª edição. São Paulo: Editora Saraiva, 1999, p. 419.
[39] MAGANO, Octávio Bueno. *Manual de Direito do Trabalho. Direito Individual do Trabalho*, volume II. São Paulo: Editora LTr e Editora da Universidade de São Paulo, 1981, p. 118.

rece se estes diretores não empregados pertenceram ou não ao quadro funcional da empresa antes de assumir o cargo de Diretor, deixando ao intérprete a solução. Oferece apenas uma definição do que vem a ser Diretor: "aquele que exerça cargo de administração previsto em lei, estatuto ou contrato social, independente da denominação do cargo" (artigo 16 da Lei 8.036/90).

Assim, entendemos que a opção pelo recolhimento do FGTS para Diretor, que não tenha tido vínculo laboral com a Sociedade anteriormente, demonstra o ânimo da Companhia em celebrar um contrato de trabalho com o diretor, excluindo o vínculo societário. O FGTS é verba de natureza trabalhista e sua utilização fora do vínculo do contrato de trabalho é, no mínimo, extravagante. Noutro sentido é o pensamento de Amauri Mascaro do Nascimento[40], para quem "essa equiparação não significa que o diretor não empregado tem os mesmos direitos do empregado, mas, somente, ao FGTS. Os recolhimentos devem ser efetuados com a ressalva de que se trata de diretor não empregado. Esses critérios já existiam, mesmo antes da citada lei". Ari Possidonio Beltran[41] entende também que o recolhimento dos depósitos do FGTS aos diretores não empregados não implica reconhecimento de direitos trabalhistas.

V.6.C Importância da situação pretérita do Diretor da Sociedade

Vale a pena frisar, para encerrar este tópico, que é irrelevante a situação jurídica pretérita do Diretor em relação à Sociedade para a determinação da existência ou não de vínculo empregatício, uma vez que o que se quer aferir é a sua situação atual, que independe da anterior.

A condição passada somente tem alguma importância à medida que se queira estabelecer alguma relação entre a situação jurídica anterior e a atual, não servindo como fator para determiná-la.

Além disto, podemos afirmar que é útil para criar uma presunção inicial de existência ou inexistência do vínculo empregatício: se era

---

[40] NASCIMENTO, Amauri Mascaro. *Curso de Direito do Trabalho*, 16ª edição. São Paulo: Editora Saraiva, 1999, p. 420.
[41] BELTRAN, Ari Possidonio. Cargos de Confiança – Algumas Questões – Diretor eleito – Conseqüências sobre o contrato de trabalho. In: *Revista AASP* n.º 39, maio de 1993, pp. 9/12.

empregado presume-se que continue a sê-lo; caso contrário, presume-se uma relação societária entre as partes. Tal presunção traria repercussões processuais em uma eventual demanda em que se discutisse o vínculo entre Diretor e Sociedade Anônima, à proporção que determina de quem é o ônus da prova do vínculo ou de sua inexistência.

V.7 POSICIONAMENTO JURISPRUDENCIAL DO TST

O TST consolidou entendimento sobre a matéria ao editar o Enunciado 269, que tem o seguinte conteúdo:

> *DIRETOR ELEITO – CÔMPUTO DO PERÍODO COMO TEMPO DE SERVIÇO*
> *O empregado eleito para ocupar cargo de diretor tem o respectivo contrato de trabalho suspenso, não se computando o tempo de serviço deste período, salvo se permanecer a subordinação jurídica inerente à relação de emprego (Re. TST 02/88, de 22.2.88, DJ 1, 2 e 3.3.88).*

A interpretação do TST direcionou-se no sentido de que há manutenção do contrato de trabalho do empregado eleito para o cargo de Diretor. Este contrato estaria suspenso e, por esta razão, apesar de não ter contado como tempo de serviço o período em que exerceu o cargo, teria direito de retorno à condição que anteriormente ocupava na empresa, com todos os direitos obtidos pelos empregados ocupantes do mesmo cargo.

O entendimento jurisprudencial parece oferecer apenas uma solução parcial do problema, pois refere-se somente à hipótese de um Diretor que tenha sido empregado da Sociedade em momento anterior à sua eleição, omitindo-se quanto ao Diretor que é estranho ao quadro de pessoal. Podemos observar que o Enunciado não responde a algumas indagações, dentre as quais poderíamos mencionar as seguintes:

a) Pessoa estranha ao quadro de pessoal da Sociedade Anônima e eleita para o cargo de Diretor, que é exercido com subordinação jurídica a outros órgãos societários, pode ser considerada empregada?

b) Todo o diretor de Sociedade Anônima pode ser destituído a qualquer tempo pelo Conselho de Administração, ou, se inexistente, pela Assembléia Geral (artigo 143 da Lei 6.404/76). Esta possibilidade de destituição a qualquer tempo pode ser caracterizada como subordinação jurídica apta a dar surgimento ao contrato de trabalho? Em caso afirmativo, podemos asseverar que todo o Diretor de Sociedade Anônima é empregado, uma vez que seu cargo é sempre exercido com subordinação?

c) Caso a empresa opte pelo recolhimento do FGTS do Diretor empregado este continuaria a ter seu contrato de trabalho suspenso ou o teria interrompido e, portanto, teria o tempo de serviço contado para todos os fins?

Efetivamente, parece-nos que a orientação jurisprudencial em comento está bastante longe de oferecer uma solução completa e abrangente à maioria das hipóteses que podem afigurar-se quanto à determinação da natureza da relação jurídica que há entre o Diretor e a Sociedade Anônima. Outros elementos parecem-nos relevantes para o deslinde da questão e serão apreciados a seguir.

V.8 OS ELEMENTOS DA RELAÇÃO DE EMPREGO E A EXISTÊNCIA DO CONTRATO DE TRABALHO

Quando se questiona acerca da existência ou não de contrato de trabalho a reger determinada relação jurídica, a tecnologia trabalhista socorre-se da averiguação da existência ou não dos elementos da relação de emprego, a saber: a onerosidade, a habitualidade, a pessoalidade e a subordinação. A presença de todos eles determina o contrato de trabalho.

Em nossa opinião, para aferir se um diretor de Sociedade Anônima é ou não seu empregado, basta detectar a existência ou não dos requisitos anteriormente mencionados, prescindindo-se de outras elucubrações, como, por exemplo, sua situação jurídica anterior ao exercício do cargo.

É ponto pacífico que presentes estão a onerosidade, a habitualidade e a pessoalidade no exercício do cargo de diretor: ele é sempre remunerado, exercido de maneira habitual e constante e deve ser efetivado pela própria pessoa eleita para o cargo de diretor. O problema surge quando se afere a subordinação jurídica. A apreciação deste elemento é fundamental e determinante para a existência do vínculo empregatício.

Para Amauri Mascaro Nascimento[42], a subordinação caracterizadora da relação de emprego é "uma situação em que se encontra o trabalhador, decorrente da limitação contratual da autonomia da sua vontade, para o fim de transferir ao empregador o poder de direção sobre a atividade que desempenhará". E conclui avaliando que "a subordinação é uma limitação à autonomia do empregado, de tal modo que a execução dos serviços deve pautar-se por certas normas que não serão por ele traçadas". Verifica-se que a subordinação trabalhista é eminentemente pessoal e refere-se estritamente à atividade que o empregado exercerá. Esta é a subordinação vista do lado do empregado. Do lado do empregador temos a outra face da subordinação, que é o seu poder diretivo, que se subdivide em poder de organização, poder de controle e poder disciplinar. Através do poder de organização o empregador combina os fatores de produção e dá unidade ao empreendimento. Assim, a atribuição de determinados cargos de confiança a certas pessoas, bem como sua destituição, estão dentro do poder organizacional do empregador e o empregado deve acatá-lo em face da subordinação inerente à relação de emprego. O poder de controle confere ao empregador o direito de fiscalizar o trabalho do empregado, que deve ser executado como aquele quer e no período determinado. O poder disciplinar dá ao empregador o direito de impor sanções ao empregado faltoso.

Assim sendo, numa análise inicial, poderíamos entender como o faz o Professor Octávio Bueno Magano[43], que atribui sempre a qualidade de empregado ao Diretor da Sociedade Anônima:

> *"Como homens de trabalho, subordinados ao Conselho de Administração, que os pode destituir a qualquer tempo,*

---

[42] NASCIMENTO, Amauri Mascaro. *Iniciação ao Direito do Trabalho*, 30ª edição. São Paulo: Editora LTr, 2004, p. 195.
[43] MAGANO, Octávio Bueno. *Manual de Direito do Trabalho. Direito Individual do Trabalho*, volume II. São Paulo: Editora LTr, 1981, p. 119.

> hão de ser necessariamente os diretores classificados como
> empregados, já que a subordinação é o traço característico
> do contrato de trabalho".

Ademais, a possibilidade de destituição *ad nutum* do diretor pela Assembléia Geral ou Conselho de Administração poderia ser apontada como manifestação do poder diretivo do empregador.

Entendemos, contudo, que é precipitada esta conclusão.

Fábio Ulhoa Coelho[44] aponta como fator crucial para a determinação do vínculo como estatutário ou trabalhista, a distinção entre duas espécies de subordinação: aquela existente de órgão para órgão (dependência societária) e a pessoal (dependência trabalhista).

A dependência societária sempre existirá entre os Diretores e Conselho de Administração ou Assembléia Geral. Estas últimas, através de deliberações esporádicas, estabelecem diretrizes gerais e as condições sob as quais serão exercidas as funções do Diretor, podendo até mesmo deliberar acerca de sua destituição. Não há controle específico da atividade do Diretor por aqueles órgãos. Trata-se de típica subordinação societária, estatutária, de órgão para órgão, que em muito difere da subordinação trabalhista.

Esta, como já vimos, é eminentemente pessoal e está presente de uma maneira constante no desenvolver da atividade laboral. Como exemplo de manifestação de subordinação trabalhista poderíamos mencionar alguns indícios tais como a ausência completa de autonomia para tomar deliberações, existência de controles de horário, coordenação direta dos trabalhos pelo diretor presidente ou vice-presidente etc.

Assim, para aferir a situação jurídica do Diretor da Sociedade Anônima, mister se faz uma apreciação concreta de sua atividade exercida diariamente. Caso estejam presentes os indícios supramencionados de existência da subordinação trabalhista, podemos afirmar que o regime jurídico entre os sujeitos envolvidos é o laboral, havendo incidência do artigo 3.º da CLT. Caso a subordinação verificada apresente caráter meramente institucional da Sociedade

---

[44] COELHO, Fábio Ulhoa. *Curso de Direito Comercial*, volume 2. São Paulo: Saraiva, 1999, pp. 240/241.

Anônima, com sujeição hierárquica e estatutária de órgão para órgão, podemos asseverar que o regime jurídico que rege a relação entre o diretor e a sociedade é o societário e não o trabalhista, independentemente da situação jurídica pretérita deste diretor.

V.9 O REGIME JURÍDICO DO DIRETOR E O DIREITO-CUSTO

V.9.A O Direito-Custo[45]

Toda a atividade econômica exercida por um agente econômico[46] é social e influencia, de maneira benéfica ou prejudicial, a atividade de outros agentes econômicos.

Estas interferências podem ser externalidades ou internalidades. As externalidades são interferências não compensáveis economicamente de um agente econômico na atividade de outro. Como exemplo, poderíamos citar a poluição efetivada pelos ônibus urbanos, a qual influencia de maneira malévola a vida dos transeuntes, ocasionando-lhes danos à saúde. Ocorre, entretanto, que esta influência não é compensável economicamente, pois ninguém imaginaria ser possível pedir indenização às empresas de ônibus pela poluição que ocasionam executando normalmente suas atividades. Trata-se aí de uma intervenção não compensável de um agente econômico na atividade do outro: uma externalidade.

Quando uma externalidade passa a ser compensável, estamos diante de uma internalidade. Podemos mencionar, a título de elucidação, o abalroamento de um veículo por outro. Havendo culpa, tal intervenção do agente econômico é compensável através de uma indenização: estamos aí diante de um caso de internalização.

As externalidades podem ser "internalizadas". A escolha das externalidades relevantes e a valoração das respectivas

---

[45] COELHO, Fábio Ulhoa. *Curso de Direito Comercial*, volume 1, 5ª edição. São Paulo: Saraiva, 2001, pp. 31/39.
[46] Agente econômico é qualquer pessoa com função na economia e que interfere na atividade econômica de outras pessoas como, por exemplo, os empresários, o empregado, o consumidor etc.

compensações podem ser feitas pelo direito ou pelos próprios agentes econômicos.

A Teoria da *Análise Econômica do Direito*[47], de Ronald Coase, surgida nos idos anos 60, adota o entendimento de que as "internalizações" devem ser efetivadas pelos próprios agentes econômicos e não pelo direito. Dá origem a um Estado pouco intervencionista.

Já a teoria do *Bem-estar Social*[48] de Arthur Pigou, nascida por volta de 1930, entende que a "internalização" das "externalidades" relevantes deve ser feita pelo direito. O legislador deve mensurar os custos e benefícios de cada atividade econômica e, ou tributá-la (se os custos para a sociedade forem maiores que os benefícios), ou subsidiá-la (se os benefícios forem maiores que os custos). Dá origem a um Estado tipicamente intervencionista.

A adoção de uma ou outra postura pelos Estados capitalistas modernos varia à medida que o capitalismo que adotaram vê-se ameaçado por algum perigo de destruição: havendo a ameaça adota-se a Teoria do Bem-estar Social como forma de proteção ao capitalismo; ausente a ameaça, adota-se a Teoria da Análise Econômica do Direito.

A criação de normas que "internalizam" "externalidades" podem interferir no custo das atividades empresariais e interferir substancialmente no preço final de produtos e serviços. Estas normas que geram este aumento de custo da atividade empresarial são chamadas de **Direito-Custo**. Como exemplos de normas que têm um cunho evidente de Direito-Custo, podemos citar as tributárias e as que geram direitos trabalhistas. Ao lado destas, temos algumas normas que são Direito-Custo, mas influenciam indiretamente no custo das atividades empresariais, apresentando-se mais sutis. Como exemplo poderíamos citar o entendimento de que os fabricantes de armas devem indenizar os familiares das pessoas mortas pelas armas por eles fabricadas. Evidentemente, o empresário fabricante terá de agregar os valores dessas eventuais indenizações ao seu custo, encarecendo o produto final.

---

[47] COELHO, Fábio Ulhoa. *Curso de Direito Comercial*, volume 1, 5ª edição. São Paulo: Saraiva, 2001, p. 34.
[48] Idem.

V.9.B O regime jurídico do Diretor da Sociedade Anônima e o Direito-Custo

Podemos considerar o regime jurídico do Diretor de Sociedade Anônima como sendo um Direito-Custo? Pensamos que a resposta depende da interpretação e do enquadramento que se atribua a esta situação jurídica. Considerando-o como vínculo de natureza societária não podemos enquadrá-lo como Direito-Custo, uma vez que não há razões para considerar o direito societário como gerador de custos empresariais que tenham alguma relevância e venham a influenciar o custo final de produtos e serviços que serão repassados ao preço final.

Todavia, caso se entenda que o regime jurídico do Diretor da Sociedade Anônima seja o trabalhista, podemos apontá-lo como Direito-Custo.

V.10 O REGIME JURÍDICO DO DIRETOR DE SOCIEDADE E A INTEGRAÇÃO DOS PAÍSES DO MERCOSUL

A globalização tem-se efetivado através de Processos de Integração Econômica regionais. Podemos detectar vários estágios de integração:

a) **Zona de Livre Comércio:** Os produtos nacionais de cada país podem circular no bloco. Os não nacionais são tarifados.
b) **União Aduaneira:** Tanto produtos nacionais como não nacionais têm livre circulação no bloco. A nacionalização dos produtos deixa de ter importância. Há uma mesma tarifa de importação para os mesmos produtos de cada país. Os maiores obstáculos para a sua efetivação são as barreiras não alfandegárias (custos dos portos, exigências de atributos para a importação de produtos etc.).
c) **Mercado Comum:** Trata-se do livre trânsito de pessoas, bens, mercadorias e capital. Somente pode ocorrer havendo harmonização do Direito Custo. Imaginem-se por exemplo disparidades entre a legislação trabalhista de um país membro do Mercado Comum: uma altamente onerosa e outra que não cause ônus relevante nos custos – a conseqüência seria a migração das empresas para o país que possuísse legislação menos onerosa.

d) **Comunidade Econômica:** Possui todas as características anteriores acrescidas da adoção de uma mesma política econômica em todos os países membros. Pode haver, nesta hipótese, a adoção de moeda única.

O Brasil precisa integrar-se economicamente a outros países para não ficar na contramão da história e poder competir em igualdade de condições no mercado internacional. Este processo alcança já algum desenvolvimento em relação aos países do Mercosul, grupo de Mercado Comum constituído por Brasil, Argentina, Paraguai e Uruguai, que foi constituído definitivamente através do Tratado de Assunção, assinado em 26 de março de 1991, e, posteriormente, aprovado pelos parlamentos dos respectivos países, entrando formalmente em vigor em 29 de novembro de 1991.

Na prática, entretanto, podemos observar que o desenvolvimento deste processo ainda se encontra no estágio da União Aduaneira, uma vez que a existência de barreiras não alfandegárias, como custos portuários, por exemplo, ainda impedem a livre circulação dos produtos no bloco.

Além deste aspecto, cumpre salientar a necessidade de uma harmonização daqueles diplomas normativos com característica de Direito-Custo – em todos os países que compõem o Mercosul – a fim de que se torne possível e efetiva a livre circulação de bens, pessoas, mercadorias e capital para que assim possa ser concretizado o terceiro estágio da evolução do Mercosul, o qual ocasionaria o surgimento de um verdadeiro Mercado Comum. Ari Possidonio Beltran[49], a respeito do assunto, tece a seguinte elucubração:

> *"Parece evidente que o legislador da carta máxima constitutiva do Mercosul preocupou-se com os desníveis existentes na região não só sobre aspectos econômicos, mas também de desenvolvimento, culturais, políticos, legislativos, tributários, encargos sobre o fator trabalho, densidade da economia informal etc. No decorrer do processo rumo ao Mercado Comum tais diversidades deverão ser, na medida do viável, eliminadas, ou ao menos, amenizadas, com o*

---

[49] BELTRAN, Ari Possidonio. *Os impactos da integração econômica no Direito do Trabalho, Globalização e Direitos Sociais.* São Paulo: LTr, 1998, p. 335.

objetivo de ser atingida a maior homogeneidade possível entre os Estados Partes"

Vimos que o Direito do Trabalho, como atualmente se apresenta em nosso país, apresenta-se como relevante conjunto de normas de Direito-Custo. Assim sendo, parece ser fundamental que haja uma harmonização de entendimento acerca da natureza jurídica do regime jurídico do Diretor de Sociedade, nos seguintes termos:

a) Caso não seja o diretor considerado empregado, mas sim órgão da Sociedade Anônima, todos os países componentes do Mercosul devem assim considerá-lo. Nesta hipótese, entretanto, não há necessidade de rígida igualdade de tratamento, pois, como já vimos, o Direito Societário não apresenta relevantes características de Direito-Custo.

b) Caso seja o diretor considerado empregado da Sociedade Anônima, os países do Mercosul devem ser unânimes neste entendimento, além do que é fundamental uma harmonização de tratamento, uma vez que, tratando-se de legislação trabalhista, típico Direito-Custo, a harmonização é fundamental para a existência de um Mercado Comum.

VI. Peculiaridades do Contrato de Trabalho dos Ocupantes de Cargos de Confiança e Altos Empregados

Como vimos, o legislador trabalhista graduou a aplicação do princípio protetivo tratando de forma diferenciada os empregados mais elevados ou exercentes de funções de confiança, retirando-lhes alguns direitos. Além disto, podemos asseverar que algumas normas, mesmo sem menção expressa do legislador, devem ser aplicadas e interpretadas de uma maneira sistemática e de forma também que restrinja vantagens, quando o destinatário delas é um alto empregado.

VI.1 JORNADA DE TRABALHO

A Consolidação das Leis do Trabalho faz restrições quanto à proteção de jornada de trabalho dos exercentes de cargo de gestão e em relação a bancários que exerçam funções de direção, gerência, fiscalização, chefia ou equivalentes.

VI.1.A Gerentes que exercem cargo de gestão

Estes empregados estão fora da proteção do capítulo II da CLT, que cuida da duração do trabalho, conforme enunciado no inciso II e no parágrafo único do artigo 62 deste diploma normativo:

> *"II- Os gerentes, assim considerados os exercentes de cargo de gestão, aos quais se equiparam para efeito do disposto neste artigo, os diretores e chefe de departamento e/ou filial.*
> *Parágrafo único. O regime previsto neste capítulo será aplicável aos empregados mencionados no inciso II deste artigo, quando o salário do cargo de confiança, compreendendo a gratificação de função, se houver, for inferior ao valor do respectivo salário efetivo acrescido de quarenta por cento (redação dada pela Lei 8.966/94)".*

Orlando Gomes e Elson Gottschalk[50] salientam, entretanto, que se houver pacto ajustando determinada jornada diária ou semanal e este período for ultrapassado, haverá jornada extraordinária que deve ser considerada como toda aquela que exceder ao que foi avençado no contrato de trabalho, mesmo que o empregado esteja excluído da proteção legal de jornada de labor, como os gerentes dos quais ora nos ocupamos.

Verificou-se, linhas atrás, que a confiança exigida pelo legislador para atrair a incidência do artigo 62, II da CLT é uma das mais profundas que encontramos na legislação trabalhista. É necessário que o empregado tenha poder de gerir a empresa de forma tal que atue exercendo os poderes mais altos e relevantes, característicos do próprio empreendedor ou empregador, exigência esta não extensível à hipótese de exclusão da estabilidade prevista no artigo 499 da CLT. A gestão não precisa, necessariamente, ter natureza administrativa, podendo ser técnica.

Justifica-se esta exclusão pela dificuldade prática na apuração, com rigor, das suplementares laboradas pelo empregado de confiança, dado que este, representando o empregador, lidera a

---

[50] GOMES, Orlando; GOTTSCHALK, Elson. *Curso de Direito do Trabalho*, 14ª edição. Rio de Janeiro: Forense, 1995, p. 305.

prestação de serviços e fica, quase nunca, sujeito à marcação de ponto, pois necessita, para o fiel desempenho de suas atribuições, trabalhar fora das horas normais.

Além destes requisitos, a doutrina aponta outros que, necessariamente, tem de estar presentes para a aplicação do preceito. O prejuízo econômico que tiver deverá estar coberto pelo seu salário, que deve ser sensivelmente superior à remuneração dos demais empregados. A legislação anterior previa, singelamente, a necessidade de um padrão mais elevado de vencimento. Atualmente a Lei 8.966/94, que modificou o artigo 62 da CLT, tornou mais objetiva a regra, pois, atualmente, a remuneração deve ser, no mínimo, 40% superior ao salário do cargo efetivo. Ressalte-se que este fator, por si só, não é suficiente para atrair a incidência da norma.

Para Amauri Mascaro Nascimento[51], o gerente ou exercente de cargo de confiança fará jus às extraordinárias se estiver sujeito a controle de horário, através de livro de ponto ou cartão. O fator relevante é a existência de fiscalização sobre seu trabalho, pouco importando a natureza do cargo.

Arnaldo Süssekind[52] define o que são gerentes e diretores empregados para os efeitos da duração de jornada. São os "investidos em cargo de gestão pertinentes à administração superior da empresa", enquanto os chefes de departamentos e filiais "são os que, no exercício desses cargos de alta confiança, têm delegação do comando superior da empresa para dirigir e disciplinar os respectivos setores".

Para Evaristo de Moraes Filho[53], o que o legislador quis com o artigo 62 da CLT foi, na realidade (apesar de o artigo mencionar a exclusão de todo o capítulo referente à jornada), excluir os empregados lá mencionados do direito à percepção de horas suplementares, ou seja, dos preceitos concernentes à *duração diária* do trabalho (atente-se, entretanto, que o direito a extraordinárias pode surgir, também, quando se extrapola a jornada semanal), prevale-

---

[51] NASCIMENTO, Amauri Mascaro. *Iniciação ao Direito do Trabalho*, 30ª edição. São Paulo: Editora LTr, 2004, p. 381.
[52] SÜSSEKIND, Arnaldo; MARANHÃO, Délio; VIANNA, Segadas; TEIXEIRA, Lima. *Instituições de Direito do Trabalho*, 16ª edição, volume I. São Paulo: Editora LTr, 1996, p. 782.
[53] MORAES FILHO, Evaristo de; MORAES, Antônio Carlos Flores de. *Introdução ao Direito do Trabalho*, 8ª edição. São Paulo: Editora LTr, 2000, p. 464.

cendo os demais: intervalos entre duas jornadas, adicional de trabalho noturno, intervalo para refeição e repouso semanal.

VI.1.A.a A alteração da Lei 8.666/94

O inciso II do artigo 62, que era antigamente a alínea "c" do mesmo artigo, sofreu algumas mudanças no transcurso do tempo. Esta era sua antiga redação:

> "c) *Os gerentes, assim considerados os que investidos de mandato em forma legal, exerçam encargos de gestão e, pelo padrão mais elevado de vencimento, se diferenciem dos demais empregados, ficando-lhes, entretanto, assegurado o descanso semanal*"[54].

O mencionado dispositivo foi alterado pela Lei 8.666/94.

Já não se exige a investidura em mandato, bastando o exercício de encargos gestão. Délio Maranhão e Luiz Inácio Barbosa Carvalho[55], já antes da mudança ocorrida em 1994, preconizavam que a exigência do mandato em forma legal não se justificava. Alegavam que o legislador havia confundido mandato com representação, esquecendo-se de que estava lidando com contrato de trabalho e não contrato de mandato. A questão do mandato e da representação serão apreciados a seguir, em tópico apartado, tendo em vista a complexidade do assunto.

Conforme mencionado anteriormente, a regra, quanto ao padrão mais elevado de vencimento, tornou-se objetiva: não pode ser inferior ao salário do cargo efetivo acrescido de 40%.

Sérgio Pinto Martins[56] entende ser pior a redação atual do que a anterior, pois dá margem a uma série de problemas de interpretação. Como exemplo dessa dificuldade, podemos mencionar a hipótese do trabalhador que exerce efetivamente encargo de ges-

---

[54] VIEIRA NETO, Manoel Augusto. *Consolidação das Leis do Trabalho*, 3ª edição. São Paulo: Saraiva S/A, Livreiros Editores, 1958, p. 42.
[55] MARANHÃO, Délio; CARVALHO, Luis Inácio Barbosa. Direito do Trabalho, 17ª edição. Rio de Janeiro: Editora da Fundação Getúlio Vargas, 1993, p. 108.
[56] MARTINS, Sérgio Pinto. *Direito do Trabalho*, 8ª edição. São Paulo: Editora Atlas, 1999, p. 411.

tão mas não tem gratificação de função destacada do salário. Estaria ele fora da incidência do artigo 62, II, mesmo se percebesse remuneração superior à dos demais empregados? Entendemos que não é necessário destacar do valor da remuneração do empregado a gratificação: basta que o montante percebido por ele seja ao menos 40% maior do que receberia caso não exercesse a função gestora.

Por fim, vale mencionar que houve, também com a nova redação, uma extensão explícita da aplicabilidade do dispositivo aos diretores e chefes de departamento ou filial, que foram equiparados aos gerentes. Pensamos que não se trata de qualquer diretor ou chefe de departamento ou filial, mas somente dos que exercem poderes de gestão.

A redação atual já não faz a ressalva quanto ao direito ao descanso semanal. Poderíamos, inicialmente, argumentar que, estando a Seção II, que trata dos períodos de descanso, inserta no Capítulo II, que trata da duração do trabalho (cuja aplicação aos gerentes é vedada), a partir da mudança legislativa (Lei 8.666/94) referidos empregados não fariam jus ao descanso semanal remunerado, a exemplo das extraordinárias. Não é, entretanto, correto este raciocínio. A Lei 605/49, que trata do repouso semanal, em seu artigo 1.º estende a todos os empregados a sua aplicabilidade. No artigo 5.º, em rol taxativo, exclui aqueles aos quais não deve ser aplicada. Nesta relação não há nenhuma menção aos empregados exercentes de cargo de gestão. Assim, nada foi alterado com a retirada da ressalva quanto ao repouso semanal, uma vez que outro diploma normativo assegura o direito. O artigo 62, *caput*, não faz nenhuma menção à lei do descanso semanal. Conclui-se, com base neste raciocínio, que os exercentes de cargos de gestão continuam a fazer jus ao descanso semanal remunerado, bem como ao pagamento de salário nos dias feriados civis e religiosos.

VI.1.A.b Mandato, representação e procuração

Renan Lotufo[57] aponta interessante distinção existente entre mandato, procuração e poder de representação, baseada em rica coletânea de doutrina e jurisprudência que colaciona.

---

[57] LOTUFO, Renan. *Questões Relativas a Mandato, Representação e Procuração*. São Paulo: Editora Saraiva, 2001, p. 117.

Segundo o autor retrocitado, o mandato habilita o mandatário a praticar certos atos jurídicos, como vender, pleitear etc. Entretanto, o poder de representação não está, necessariamente, contido no mandato, pois este lhe é extrínseco.

Para executar, por conta e em nome do conferente dos poderes, a prática de atos jurídicos diversos, tipificadores de outros contratos ou negócios jurídicos, é necessário que o agente tenha poderes de representação que o simples mandato, por si só, não lhe confere. O instrumento hábil para tanto é a procuração.

Ocorre, contudo, que a própria lei (artigo 653 do Código Civil de 2002, que era o antigo artigo 1.288 do Código Civil de 1917) vincula, de forma indevida, a procuração ao mandato, afirmando que aquela é instrumento deste. Também de maneira equivocada, o artigo 144 da Lei 6.404/76 (Lei das Sociedades Anônimas) vincula o mandato à representação.

Pontes de Miranda[58] estabelece claramente a distinção entre o mandato e o poder de representação:

> *"Há, quase sempre, poder de representação no mandato, porém o mandato e o poder de representação, podem ser praticados por outrem. No Código Civil, artigo 1.288, alínea 2.ª, diz-se que 'a procuração é o instrumento do mandato'. Aí, procuração está por documento, forma de eficácia usual, sem que se devesse tirar daí que o Código Civil se ateve à atitude de velhos códigos segundo o qual o poder de representação e o mandato são o mesmo.*
>
> *A teoria moderna entronca-se em P. Laband: mostrou ele que os deveres e as obrigações do mandatário nada têm com o poder de representação; a conferência de poder de representação é apenas espécie de outorga de poder, assente em manifestação unilateral de vontade do outorgante. Enquanto os legisladores, juízes e juristas não se acostumam à distinção, não é de espantar que, aqui e ali, o uso de velhas expressões os traia".*

---

[58] MIRANDA, Pontes de. *Tratado de Direito Privado*, Parte Especial, 3ª edição, tomo 43. Rio de Janeiro: Borsoi, 1970, p. 8.

Quanto à forma, temos que o mandato pode ser expresso ou tácito e o expresso pode ser verbal ou escrito. Verifica-se, assim, que, quanto ao mandato, quis o legislador que a informalidade prevalecesse diante da formalidade.

Entretanto, no que concerne à representação, a situação é diversa. Esta não pode ser outorgada de maneira tácita, nem tampouco na forma verbal.

Nosso Código Civil foi omisso a respeito, mas razões de ordem lógica nos levam a esta conclusão.

Na atuação em nome alheio, é relevante para o terceiro saber com quem se relaciona. É preciso que esta atuação em nome alheio seja reconhecível, de maneira clara e inconfundível, pelo terceiro que negocia com o representante.

Não é suficiente que o terceiro apenas saiba que o agente não é o sujeito do interesse que negocia ou, ainda, que possa provar que o agente estava investido de poder de representação. É necessário que a ação em nome de outrem conste do ato.

Assim, quando o mandato contiver poderes de representação, como acima descrito, não pode ser tácito ou expresso na forma verbal. Outrossim, deve revestir-se da forma escrita, pública ou privada.

Vimos, linhas atrás, que o artigo 62, II da CLT somente deve valer para o empregado que tenha poderes para gerir a empresa, de forma tal, que atue como o próprio empreendedor ou empregador e possa representá-lo. Como a representação, pelas razões expostas, necessita de procuração formal para gerar efeitos perante terceiros, podemos concluir que o artigo 62, II da CLT só é aplicável aos gerentes que possuam procuração formal escrita, quer seja pública quer privada, que lhes confira poderes expressos de representação, outorgada pelo seu empregador. Neste sentido, o julgado expresso no acórdão da SBDI-1 de 4/8/98 (TST E-RR 222.653/95.2):[59]

CLT, ART. 62, II – GERENTE/ MANDATO TÁCITO – HORAS EXTRAS.
"A investidura no cargo de gerente e seu exercício, nos moldes do artigo 62 da CLT, importa para o empregado

---
[59] REVISTA LTR. São Paulo: Editora LTr, 1998, volume 62, p. 1.361.

> *restrições de seus direitos trabalhistas. Assim, o cargo de gestão exige para sua caracterização que o empregado esteja munido de mandato formal, não meramente tácito, pelo qual se comprovem as atribuições a ele conferidas, e o exato limite de seu poder de mandato e gestão de maneira a ser excluído das regras atinentes à duração do trabalho. A regra do artigo 62 da CLT, mesmo após a edição da Lei 8.966/94, deve, por conseguinte, ser interpretada restritivamente, não havendo falar em mandato tácito."*

Destarte, ao contrário do que pensam Délio Maranhão e Luiz Inácio Barbosa Carvalho, citados anteriormente, apesar de a Lei 8.966/94 ter retirado do texto anterior a expressão "mandato em forma legal", a exigência de instrumento formal escrito continua a existir para que o artigo 62, II da CLT possa ter aplicação válida.

Ari Possidonio Beltran[60] expressa opinião inversa e admite, mesmo antes de a Lei 8.966/94 ter retirado do artigo 62 da CLT a exigência de "mandato na forma legal", que é desnecessária a procuração escrita:

> *"Parece induvidoso que, quando o legislador se refere a mandato em forma legal, tem-se que este pode ser expresso ou tácito (art. 1.290 do Código Civil), daí porque irrelevante,* in casu, *seja o empregado titular de procuração escrita, por instrumento público ou não".*

VI.1.A.c Constitucionalidade do artigo 62 da CLT

Questiona-se, com o advento da Carta Magna de 1988, se o artigo 62 da CLT foi recepcionado por ela. Ocorre que, do seu artigo 7.º, os incisos XIII e XVI estabelecem, respectivamente, a duração normal do trabalho não superior a oito horas e o direito à percepção de adicional sobre as horas extrapoladas. O disposi-

---

[60] BELTRAN, Ari Possidonio. Cargos de Confiança – Algumas Questões – Diretor eleito – Conseqüências sobre o contrato de trabalho. *In: Revista AASP* n.º 39, maio de 1993, pp. 9/12.

tivo que exclui alguns empregados da proteção das normas de duração do trabalho afrontaria, assim, a Constituição Federal. Não é o entendimento que prevalece.

Renato Rua de Almeida[61] diz que "a *comunis opinio doctorum* é no sentido de que a legislação infraconstitucional em matéria de duração do trabalho foi, no particular, recepcionada e não revogada tacitamente pela Constituição Federal de 1988", e isto, pelas razões que passo a expor.

Octávio Bueno Magano[62] atribui o adjetivo "normal" a trabalho e não a duração. Celso Bastos e Ives Gandra Martins[63] ensinam que deve prevalecer a respeito não uma interpretação taxativa, mas "uma construção interpretativa com vista a fixar o entendimento segundo o qual o limite constitucional é para o trabalho normal (expressão de resto utilizada pela Constituição) e não para o trabalho excepcional, aquele que apresente condições díspares das normalmente vigentes".

Assim, podemos concluir que os mencionados incisos XIII e XVI do artigo 7.º da Constituição Federal são normas de eficácia relativa restringível, segundo a classificação de Maria Helena Diniz[64], tendo eficácia imediata passível de restrições pelo legislador infraconstitucional. As condições especiais dos empregados exercentes de cargo de gestão autorizam o legislador ordinário a restringir a eficácia do texto constitucional e estabelecer condições diferenciadas para eles em total consonância com a Lei Maior.

VI.1.B Bancários

Inicialmente, cumpre ressaltar as razões do tratamento diferenciado conferido aos bancários. As atividades bancárias propria-

---

[61] ALMEIDA, Renato Rua de. *Cargo de Confiança: efeitos no Contrato de Trabalho*. In: VOGEL NETO, Gustavo Adolpho. Curso de Direito do Trabalho em homenagem ao Prof. Arion Sayão Romita. Rio de Janeiro: Editora Forense, 2000, p. 365.
[62] MAGANO, Octávio Bueno. Trabalho extraordinário após a CF de 1988. In: *Revista do Direito do Trabalho* n.º 84. São Paulo, 1993, p. 28.
[63] BASTOS, Celso Ribeiro; MARTINS, Ives Gandra da Silva. *Comentários à Constituição do Brasil*, 1ª edição, volume II, art. 5.º a 17. São Paulo: Editora Saraiva, 1989, art. 7º.
[64] DINIZ, Maria Helena. *Norma Constitucional e seus efeitos*, 3ª edição. São Paulo: Editora Saraiva, 1997, p. 107.

mente ditas apresentam peculiaridades que as tornam sobremaneira extenuantes. A responsabilidade pelo manuseio de grandes valores, a complexidade das operações financeiras, a repetição contínua de movimentos tornam a atividade bancária extremamente cansativa e seus profissionais são alvos preferidos de diversas enfermidades, especialmente as "modernas", que são o estresse e a lesão por esforços repetitivos. Estas singularidades chamaram a atenção do legislador, que endereçou aos bancários algumas normas especiais no que concerne à duração do trabalho. O *caput* do artigo 224 consolidado, fixou, como regra, uma jornada especial de 6 horas diárias e 30 horas semanais para estes profissionais. O mesmo artigo 224 em seu § 2.º estabeleceu exceções à regra do *caput*, ao excluir de sua aplicação os que "exercem funções de direção, gerência, fiscalização, chefia e equivalentes, ou que desempenhem outros cargos de confiança". Estas exceções são as que interessam ao tema que ora estamos analisando e serão objeto de nosso estudo.

VI.1.B.a A confiança estrita do bancário

Podemos atribuir aos bancários, como vimos, uma confiança que chamamos de específica, destacada pelos seus requisitos e características, daquela exigida dos que exercem cargo de gestão (confiança excepcional) para excluí-los da proteção de jornada, e da confiança estrita, que exclui a estabilidade. Não se vá, pois, confundir as hipóteses. A menção a funções que não são de confiança em sentido estrito e o acréscimo da expressão "outros cargos de confiança" no § 2.º do artigo 224 da CLT, torna isto evidente.

É possível, entretanto, que um bancário, gerente principal de uma agência, detenha poderes de gestão nos moldes do artigo 62, II da CLT. Nesta hipótese não fará jus a suplementares, nem sequer às prestadas além da oitava diária. Neste sentido assentou-se a jurisprudência do Tribunal Superior do Trabalho expressa no Enunciado 287, que tinha originariamente a seguinte redação: "o gerente bancário, enquadrado na previsão do § 2.º, do artigo 224 consolidado, cumpre jornada normal de oito horas, somente não tendo (sic) jus às horas suplementares, excedentes da oitava, quando investido de mandato, em forma legal, tenha encargos de gestão e usufrua do padrão salarial que o distinga dos demais empregados".

A redação atual do referido Enunciado, revisado pela Resolução Administrativa do TST (pleno) n.° 121, de 28 de outubro de 2003, que procurou dar uma redação mais clara ao texto anterior, sem contudo alterar o seu conteúdo e confirmar o já sedimentado entendimento doutrinário e jurisprudencial, estabelece que "a jornada de trabalho do empregado de banco gerente de agência é regida pelo artigo 224, § 2.°, da CLT" e "quanto ao gerente geral de agência bancária, presume-se o exercício de encargo de gestão, aplicando-se-lhe o artigo 62".

Podemos afirmar, assim, que a confiança do § 2.° do artigo 224 da CLT é bem flexível e possui características próprias que a destacam das demais espécies de confiança mencionadas na Consolidação para outros efeitos, entendimento este em nada alterado pela nova redação do Enunciado 204 (Res. Adm. 121/03 do TST), conforme anteriormente apontado.

VI.1.B.b *Requisitos e conseqüências do enquadramento do bancário na hipótese do artigo 224 § 2.° da CLT*

Antes de analisarmos os requisitos para a caracterização da confiança específica do bancário, vale ressaltar, por oportuno, as conseqüências de enquadramento do empregado no dispositivo legal em comento.

Verificada a incidência do dispositivo, a jornada normal do empregado há de ser considerada como de oito horas diárias e quarenta e quatro horas semanais. Faz jus o obreiro, portanto, à remuneração pelo trabalho que ultrapassar esta jornada, com acréscimo de 50%, salvo na hipótese de estar configurada a situação do artigo 62, II da CLT. Assim, podemos asseverar que os bancários enquadrados no artigo 224, § 2.°, não ficam ao desamparo das regras gerais de proteção referentes à duração do trabalho. Neste sentido é o entendimento do Tribunal Superior do Trabalho ao editar o Enunciado 166, que cristaliza o entendimento de que o "bancário exercente de função a que se refere o § 2.° do artigo 224 da CLT e que recebe gratificação não inferior a um terço de seu salário, já tem remuneradas as 2 horas extraordinárias que excederem de 6" e depois o Enunciado 232, que esclarece ainda mais a questão ao afirmar que "o bancário sujeito à regra do artigo 224, § 2.º, da Consolidação das Leis do Trabalho, cumpre jornada de 8 horas, sendo extraordinárias as trabalhadas além da oitava".

É de ressaltar quais são os requisitos para o enquadramento na exceção à regra da jornada especial dos bancários.

Podemos inicialmente apontar alguns poderes característicos e específicos da confiança bancária. Valentin Carrion[65] aponta como pedra de toque o fato de ter ou não o empregado subordinados sob seu comando e o exercício de função de supervisão que, para ele, preenche a exigência.

Outro requisito fundamental, que encontra assento na lei, é a percepção de gratificação não inferior a um terço do salário efetivo. Russomano[66] acentua que o cálculo deve ser sobre o salário básico e não sobre o salário contratual, isto é, o salário efetivamente auferido pelo empregado. Frisa que a distinção é fundamental, pois a remuneração do trabalhador, cada vez mais, se vem adornando com uma série de penduricalhos como adicionais de insalubridade, noturno etc. que não integram o salário do cargo efetivo, embora façam parte do salário percebido pelo empregado. Assim, a gratificação de um terço do salário do cargo efetivo não precisa levar em conta em sua base de cálculo, para aplicação dessa norma, vantagens de natureza pessoal atribuídas, por lei ou contrato, ao bancário. O TST, entretanto, manifestou jurisprudência contrária a este entendimento ao editar o Enunciado 240, que prevê que "o adicional por tempo de serviço integra o cálculo da gratificação prevista no artigo 224, § 2.º, da Consolidação das Leis do Trabalho". O direito anterior era bastante amplo com relação a este requisito, pois previa singelamente a "percepção de vencimentos superiores aos postos efetivos".

A fim de pacificar as divergências, o Tribunal Superior do Trabalho procurava, através de Enunciados e Orientações Juris-

---

[65] CARRION, Valentin. *Comentários à Consolidação das Leis do Trabalho*, 25ª edição. São Paulo: Editora Saraiva, 2000, p. 225.
[66] RUSSOMANO, Mozart Victor. *Comentários à CLT*, 17ª edição, volume I. Rio de Janeiro: Forense, 1997, p. 302.

prudenciais, fixar nominalmente quais cargos deviam ser considerados como de direção, gerência etc. para efeito de exclusão da jornada especial de 6 horas. Tínhamos, assim, os seguintes cargos enquadrados na exceção: subchefia (Enunciado 234 do TST); chefia (Enunciado 233 do TST); tesoureiro (Enunciado 237 do TST); subgerente (Enunciado 238 do TST). O TST, entretanto, ao dar nova redação ao Enunciado 204, preferiu adotar o critério da prova do exercício das reais atribuições do empregado, abandonando a idéia de nomear especificamente quais seriam os cargos de confiança bancária. Cancelou, por conseguinte, através da mesma Resolução Administrativa (n.º 121/03), os enunciados citados.

O Enunciado 102 do TST, que prevê que o caixa bancário, ainda que caixa executivo, não exerce cargo de confiança específica do bancário, bem como a Orientação Jurisprudencial n.º 222 da SDI-I, que esclareceu que o exercício da advocacia, por si só, não implica exercício de cargo de confiança bancária, mantiveram-se inalterados pela reforma mencionada.

Podemos concluir, assim, que todo aquele que não possuir, efetivamente, os poderes inerentes à confiança bancária específica, não se enquadra na exceção do § 2.º do artigo 224 da CLT, mesmo que o nome do cargo que ocupa leve a presumir o contrário.

VI.2 ALTERAÇÕES DAS CONDIÇÕES DE TRABALHO

As alterações no contrato de trabalho podem ser *subjetivas*, quando disserem respeito às mudanças havidas em relação aos contratantes, ou *objetivas*, quando se referirem ao conteúdo do contrato de trabalho.

Quanto a esta última, vigora no contrato de trabalho, como regra geral, a teoria do *pacta sunt servanda*: contratadas condições de trabalho que estejam de acordo com o estatuto legal de proteção ao trabalhador, devem estas permanecer, salvo ocorrência de fato superveniente que torne extremamente oneroso a uma das partes o cumprimento do contrato, ocasião em que esta pode exigir, unilateralmente, a alteração das condições contratuais pactuadas, passando a vigorar a máxima *rebus sic stantibus*.

Vale ressaltar, com Cesarino Júnior[67], que a única alteração que só é lícita por mútuo consentimento é a mudança de cláusula de contrato individual de trabalho. Assim, são lícitas, mesmo que unilaterais, as modificações que não constituam, propriamente, mudança de cláusula contratual. Assim, uma mera mudança de sala de trabalho não pode estar sujeita ao capricho dos empregados, pois não significa alteração de cláusula contratual. Admitir-se o contrário seria violar o direito de auto-organização do empregador.

No Direito do Trabalho, além de a alteração contratual ter de resultar de vontade bilateral do empregado e do empregador, o conteúdo objetivo da alteração – que pode envolver três elementos essenciais do contrato: a função, o local de trabalho e o salário – não pode ser prejudicial ao obreiro (artigo 468 da CLT). Contrastando com esta idéia a doutrina elaborou o princípio do *jus variandi* que nada mais é que o direito do empregador de, em casos excepcionais, alterar, por imposição e unilateralmente, as condições de trabalho de seus empregados. Tal princípio decorre do poder diretivo (artigo 2.º da CLT) "cuja natureza é de um Direito-Função a ser utilizado no interesse maior da empresa como instituição comunitária e direcionada ao bem comum da sociedade, e, sempre que possível, com a participação dos representantes eleitos dos empregados (artigo 7.º, XI, da Constituição Federal de 1988, e Convenção n.º 135 da Organização Internacional do Trabalho, ratificada pelo Brasil)"[68]. Um cuidado para ser tomado é, entretanto, imprescindível: o poder diretivo deve ter lugar em situações restritas e excepcionais que não impliquem alteração do conteúdo essencial do contrato de trabalho, sob pena de ruína de toda a legislação protetiva laboral.

Expostas a regra geral e suas exceções também genéricas, cumpre salientar a existência de exceções específicas à mencionada regra da inalterabilidade contratual. Dentre estas, interessam a nosso estudo as que concernem aos exercentes de cargo de confian-

---

[67] CESARINO JÚNIOR, A. F. *Consolidação das Leis do Trabalho*, 4ª edição, volume I. São Paulo, Rio de Janeiro: Livraria Freitas Bastos, 1956, pp. 500/501.
[68] ALMEIDA, Renato Rua de. O Moderno Direito do Trabalho e a Empresa: Negociação Coletiva, Representação dos Empregados, Direito à Informação, Participação nos Lucros e Regulamento Interno. In: *Revista LTr*, n.º 1, janeiro de 1998. São Paulo: Editora LTr, 1998, pp. 37/41.

ça, quais sejam, a possibilidade de reversão ao cargo efetivo com a conseqüente redução salarial e a possibilidade de transferência do empregado para localidade diversa da que resultar do contrato, ambas por vontade unilateral do empregador.

VI.2. A Transferência de local e de localidade

Observamos que a transferência bilateral, resultante de legítima manifestação de vontade do obreiro ou por iniciativa deste, não é abusiva e não mereceu maiores intervenções do legislador trabalhista.

No entanto, a transferência imposta pelo empregador no exercício do *jus variandi*, teve tratamento legislativo especial.

Um fator é crucial para que esta transferência seja considerada lícita: a real necessidade do serviço, cuja caracterização analisaremos com maior profundidade a seguir. Amauri Mascaro Nascimento[69] acrescenta outros dois fatores, que reputa essenciais: a previsão expressa no contrato de trabalho, precedente ou concomitante ao ato, e a provisoriedade da transferência, pois esta deve ser "estabelecida com um termo certo ou com evento certo, embora termo final indeterminado, em outras palavras, o cumprimento pelo empregado da 'missão' que o levou".

Convém frisar, inicialmente, a diferença que existe entre transferência de local e transferência de localidade. A simples transferência de local insere-se no campo da disciplina geral do artigo 468 da CLT. Se houver legítimo exercício do *ius variandi*, o empregado só tem o direito de ver ressarcidas as despesas majoradas com transporte, como ocorre nas transferências dentro de uma mesma cidade. A transferência de localidade, de que cuida a regra especial sobre alteração contratual do artigo 469 da CLT, implica mudança de domicílio. Quando a transferência do empregado de confiança se der de uma cidade para outra, sem que haja mudança de domicílio e de eixo de vida, o dispositivo que regula a matéria também é o geral, do artigo 468 da CLT.

---

[69] NASCIMENTO, Amauri Mascaro. *Curso de Direito do Trabalho*, 16ª edição. São Paulo: Editora Saraiva: 1999, p. 521.

Quanto à espécie e natureza da confiança inerentes ao cargo, as quais viriam a atrair a incidência do dispositivo que ora comentamos, já nos manifestamos linhas atrás.

VI.2.A.a Da real necessidade do serviço

Ao empregado que ocupa cargo de confiança é lícita a transferência desde que decorra de real necessidade de serviço (artigo 469, § 1.º, da CLT).

Cumpre-nos averiguar o alcance da expressão "real necessidade do serviço", sua razão de ser e seu significado objetivo.

A ocorrência de abusos efetivados por inescrupulosos empregadores que se utilizavam da possibilidade de transferência dos exercentes de cargo de confiança como instrumento de perseguição contra os que, de alguma forma, eram obstáculos a seus interesses, levou a uma reação dos tribunais trabalhistas que culminou com a edição do Enunciado 43, depois incorporado à legislação.

A redação anterior dos parágrafos do artigo 469 não previa explicitamente a necessidade do serviço para legitimar a transferência. É importante transcrever o texto original do artigo para melhor compreensão da matéria:

> *Art. 469. Ao empregador é vedado transferir o empregado, sem a sua anuência, para localidade diversa da que resultar do contrato, não se considerando transferência a que não acarretar necessariamente a mudança de seu domicílio.*
>
> *§ 1.º Não estão compreendidos na proibição deste artigo: os empregados que exercerem cargos de confiança e aqueles cujos contratos tenham como condição, implícita ou explícita, a transferência.*
>
> *§ 2.º "Omissis".*

A Lei 6.203 de 17 de abril de 1975 deu nova redação ao citado artigo: modificou o § 1.º e acrescentou o § 3.º. Este último veio introduzir, de forma genérica, a possibilidade de transferência, desde que ocorra a real necessidade do serviço, pressuposto de sua licitude. Tal pressuposto foi igualmente trazido ao § 1.º, passando a ser exigência para que a transferência, tanto dos exercentes de cargo de confiança quanto dos que tenham esta condição explícita ou implícita nos seus contratos de trabalho, seja válida. Já antes da alteração legislativa, o Enunciado 43 do TST (Resolução Administrativa 41 de 14 de junho de 1973) presumia abusiva a transferência do § 1.º do artigo 469 da CLT, sem comprovação da necessidade do serviço.

Parece, à primeira vista, que o § 3.º do artigo 469, que generalizou a possibilidade de transferência desde que haja necessidade do serviço, tornou inútil o § 1.º, uma vez que, por ser mais amplo, o contém.

Ocorre que a lei não tem preceitos vazios. Assim, devemos procurar uma interpretação razoável e lógica para o instituto e determinar os motivos de sua vinda ao mundo jurídico.

O exercente de cargo de confiança e o empregado cujo contrato tenha como condição cláusula implícita ou explícita de transferência têm contra si, pela natureza dos cargos que ocupam, a presunção relativa de que, se transferidos, o foram por necessidade do serviço.

Assim, podemos afirmar que a Lei 6.203/75, além de generalizar a possibilidade de transferência unilateral de localidade quando houver necessidade de serviço, criou regras referentes ao ônus da prova ao estipular a presunção desta necessidade em relação aos exercentes de cargo de confiança e aos que tenham cláusula implícita ou explícita de transferência em seus contratos.

A eles cumpre provar que a transferência foi feita por arbitrariedade, qual seja, sem necessidade do serviço. Aos demais, por ausência da referida presunção, o ônus de provar a necessidade do serviço, que torna lícita a transferência, é do empregador.

Sérgio Pinto Martins[70] tem entendimento no sentido de que a "real necessidade do serviço", de que trata a parte final do artigo 469, § 1.º da CLT é prescindível para os exercentes de cargo de confiança, sendo o requisito exigível apenas para os empregados que tenham em seus contratos condição implícita ou explícita de

---

[70] MARTINS, Sérgio Pinto. *Direito do Trabalho*, 8ª edição. São Paulo: Editora Atlas, 1999, p. 264.

transferência. Fundamenta seu raciocínio em interpretação histórica do projeto que deu origem à Lei 6.203/75, pois, segundo ele, "o legislador teve o intuito de excluir a necessidade de serviço para a transferência do empregado detentor do cargo de confiança, pois a jurisprudência já vinha interpretando com rigor a caracterização dos cargos de confiança; além disso, existem certas peculiaridades que cercam o desempenho dessas funções, as quais tornam prescindível a necessidade do serviço".

Resta apreciar o que vem a ser, objetivamente, "real necessidade do serviço".

Para Sérgio Pinto Martins[71] esta deve ser entendida "no sentido de necessidade objetiva e insofismável do serviço, em que a empresa, para desenvolver normalmente suas atividades, não poderá prescindir do empregado, pois no local para onde será transferido o trabalhador não existe mão-de-obra especializada".

É radical em demasia a posição do autor, pois seria fato raro a ocorrência dos eventos que descreve como indicadores da real necessidade do serviço, especialmente nos grandes centros urbanos modernos, onde se concentram a maioria dos empregadores e há abundante oferta de mão-de-obra, desde a mais básica até a mais qualificada. Isto tornaria letra morta o dispositivo legal.

A "necessidade do serviço" deve ser entendida como a impossibilidade de a empresa desenvolver a sua atividade *de forma razoável* sem a presença do empregado transferido. Não é simples conveniência, mas não chega a ter os mesmos requisitos da força maior.

Valentin Carrion[72] distingue a necessidade para a transferência do empregado exercente de cargo de confiança (§ 1.º) – que entende tratar-se de transferência que pode ser definitiva – da necessidade de transferência prevista no § 3.º – que entende tratar-se sempre de transferência provisória. Na primeira hipótese o legislador usou o atributo "real" para qualificar a necessidade e no segundo não: isto significaria que a necessidade precisa ser "objetiva, palpável, superior à simples necessidade da transferên-

---

[71] Idem, p. 265.
[72] CARRION, Valentin. *Comentários à Consolidação das Leis do Trabalho*, 25ª edição. São Paulo: Editora Saraiva, 2000, p. 326.

cia provisória (§ 3.º)". Para ele, a maior qualificação do empregado é fator que sempre pesou para se considerar justificada a mudança.

Pensamos de maneira diversa. Os incisos do artigo 469 são relacionados entre si e têm conceitos reciprocamente aplicáveis. Pode haver, portanto, transferência definitiva do empregado não exercente do cargo de confiança bem como a transferência provisória daquele que o exerce e a necessidade do serviço não tem grau de intensidade diferente nos §§ 1.º e 3.º do artigo 469. A provisoriedade ou não da transferência só tem relevância para se determinar o pagamento de um acréscimo salarial de 25%, como adiante veremos ao estudar o adicional de transferência.

A Seção de Dissídios Individuais I (SDI I) editou a Orientação Jurisprudencial n.º 113, que determina o pagamento do adicional de transferência ao ocupante de cargo de confiança desde que a transferência seja provisória, admitindo, destarte, a possibilidade de sua transferência não ser definitiva.

Imprescindível, outrossim, a necessidade do serviço para a licitude do ato unilateral do empregador que determina a alteração da localidade de trabalho. Não se pode falar em transferência do empregado por punição, mesmo do exercente de cargo de confiança, sob pena de esta ser considerada abusiva. Não pode, ainda, ser motivo para discriminação: quando o empregador, podendo transferir outro, transfere o que, por suas condições pessoais ou de sua família, será mais prejudicado com a transferência e o faz com intuito de persegui-lo, estará abusando de seu direito.

Isto é, em resumo, o que a doutrina e a jurisprudência entendem por "necessidade de serviço" para efeito de transferência de localidade de trabalho.

VI.2.A.b *Remédio contra a transferência ilícita do exercente do cargo de confiança*

O exercente de cargo de confiança, que for transferido em desacordo com as regras acima mencionadas, pode ajuizar reclamatória com direito de obter liminar até decisão final do processo, objetivando tornar sem efeito a transferência abusiva da localidade de trabalho, nos termos do artigo 659, inciso IX da CLT.

VI.2.A.c O adicional de transferência e o cargo de confiança

Os critérios para aferir se há direito ou não ao adicional de transferência são objeto de muita controvérsia, tanto na doutrina quanto na jurisprudência. Entretanto, dois aspectos são pacíficos: não caracterizada a mudança de domicílio ou de localidade, bem como na hipótese de haver inequívoco interesse pessoal do empregado na transferência, como no casamento deste, por exemplo, não há falar em adicional de transferência.

Podemos discernir três correntes de entendimento acerca da pertinência do adicional em epígrafe para os exercentes de cargo de confiança.

Para a primeira delas, o adicional é indevido ao exercente de cargo de confiança, que nunca teria direito a ele, ainda que sua transferência fosse provisória, admitida esta possibilidade.

Uma segunda visão interpretativa do assunto coloca a provisoriedade ou não da transferência como fator crucial para verificar a pertinência ou não do acréscimo salarial pela mudança de localidade de trabalho. O exercente do cargo de confiança pode, destarte, fazer ou não jus ao acréscimo salarial: tudo depende de sua transferência vir a ser considerada ou não provisória.

Por fim, há uma terceira corrente de interpretação, que entende ser devido o adicional sempre que houver transferência, seja ela provisória ou definitiva, feita única exclusão em relação à mudança de local decorrente de manifesto interesse extracontratual do obreiro. Desta maneira, o exercente de cargo de confiança somente perderia o direito ao adicional na situação que acabamos de citar.

À segunda corrente nos filiamos. O artigo 469, § 3.º, *in fine* é claro ao utilizar a frase "enquanto durar esta situação", aplicável a todas os casos previstos no artigo. A Orientação Jurisprudencial 113 da Seção de Dissídios Individuais I do TST adota este entendimento, vinculando a provisoriedade à concessão do adicional de transferência ao exercente de cargo de confiança.

Vale, ainda, ressaltar que a provisoriedade independe do tempo de duração da transferência. O que importa averiguar é o ânimo com que foi realizada: se o foi com a intenção de realizar uma mudança sem volta ou se o foi como instrumento para o empregado cumprir certa missão em um período de tempo, determinado ou não.

VI.2.A.d Transferência para o exterior

O artigo 469 da CLT, que regula as hipóteses de transferências unilaterais impostas pelo empregador e suas conseqüências jurídicas, aplica-se apenas quando a mudança de local de trabalho ocorre dentro do território nacional. Não se pode aplicá-lo às hipóteses de transferência de trabalhador do Brasil para o exterior.

Resulta desta inaplicabilidade das regras da CLT que o empregador não pode, unilateralmente, determinar a transferência de empregado para fora do país, mesmo nas hipóteses em que esta transferência seja considerada lícita, tratando-se do território nacional, como no caso do exercente de cargo de confiança. Mesmo nesta situação não há falar em legítimo exercício do *jus variandi*, mas sim de um legítimo e claro exemplo de possibilidade de adequada utilização do *jus resistenciae* pelo empregado na hipótese de uma tentativa de imposição unilateral de transferência.

A transferência para o exterior só pode ser considerada válida quando resultar de legítima manifestação de vontade do empregado, mesmo para o ocupante de cargo de confiança, que deve aquiescer com a mudança contratual.

Concordando o obreiro com a transferência para o exterior, o tratamento jurídico dado ao empregado de confiança fica sujeito à regra de aplicação da lei do local da prestação de serviços, prevista no artigo 198 da Convenção de Havana, ratificada pelo Brasil (Código de Bustamante) e no Enunciado 207 do TST, bem como à possibilidade de aplicação analógica da Lei 7.064/82, a princípio utilizável apenas para as transferências externas praticadas por empresas de engenharia, consultoria, projetos e obras, montagens, gerenciamento e congêneres.

Não há, destarte, possibilidade de transferência unilateral para o exterior do exercente de cargo de confiança.

VI.2.B Retorno à função anterior

O empregado pode ter uma qualificação objetiva e outra subjetiva. A primeira, conhecida também como qualificação real, corresponde a uma peculiar formação profissional que confere ao obreiro especial habilidade ou qualidade no trabalho que presta. Pode estar presente apenas em estado potencial e, mesmo desempregado, pode ser possuidor dela. Doutro turno, a qualificação subjetiva, também chamada de contratual, é a concretização da qualificação objetiva através da inserção do obreiro no quadro de pessoal da empresa com a celebração do contrato de trabalho. É esta qualificação contratual ou subjetiva que é protegida pela regra da intangibilidade contra ato unilateral do empregador, que não pode modificá-la, salvo nos estritos limites do direito de variar do empregador.

Todavia, em relação à qualificação profissional e à função há uma elasticidade maior do *jus variandi*[73], uma vez que a prestação de trabalho, dever fundamental do empregado, é indeterminada. Compete ao empregador, nos limites da lei e do contrato, a determinação da função e da qualificação profissional, com certo grau de discricionariedade. O artigo 456, parágrafo único da CLT determina que, em caso de ausência de prova ou de cláusula expressa sobre a função do empregado, este é obrigado a executar todo e qualquer serviço compatível com sua condição pessoal. O artigo 450 consolidado também dispõe sobre esta maior elasticidade do *jus variandi* em relação ao tipo de trabalho por ser executado pelo empregado, quando prevê a possibilidade de mudanças transitórias neste particular, como no caso da substituição eventual para suprir faltas ou impedimentos de outros empregados e na hipótese de promoção em caráter experimental.

Ocorre, entretanto, como assevera Ísis de Almeida[74], que "a habitualidade no exercício de determinada função faz com que esta se insira, como cláusula, no contrato de trabalho".

---

[73] MAGANO, Octávio Bueno. *Manual de Direito do Trabalho. Direito Individual do Trabalho*, volume II. São Paulo: Editora LTr, 1981, p. 258.
[74] ALMEIDA, Isis de. *Curso de Legislação do Trabalho. Teoria e Prática*, 2ª edição. São Paulo: Sugestões Literárias S/A, 1977, p. 92.

O legislador considerou lícita a destituição do empregado de confiança de seu cargo e tratou-a como legítima alteração funcional, colocando-a dentro dos limites do *jus variandi*.

Antes de analisarmos de maneira específica este tema, mister se faz estabelecer a distinção que há entre certos institutos trabalhistas que, por sua semelhança e sutis diferenças, podem causar certa confusão no estudo deste tema. Trata-se dos institutos da reversão, da retrocessão e do rebaixamento[75].

Reversão é o retorno ao cargo efetivo anterior após ter o empregado ocupado cargo ou função de confiança. *Retrocessão* é o retorno ao cargo efetivo anterior que foi deixado para ocupar outro cargo efetivo de maior nível. Não se trata aqui de cargo de confiança. O *rebaixamento*, podemos afirmar, é a retrocessão feita com intuito punitivo pelo empregador. A retrocessão e o rebaixamento são alterações francamente prejudiciais ao obreiro e, por isto, vedadas pelo ordenamento jurídico (artigo 9.º, 444 e 468 da CLT). A reversão, contudo, pode ser considerada lícita desde que preenchidos os requisitos determinados pela lei (artigo 468, parágrafo único, da CLT).

A princípio, podemos asseverar que a reversão fere o princípio protetivo, basilar para o direito do trabalho. Além de se tratar de alteração unilateral imposta pelo empregador, é ela manifestamente prejudicial ao obreiro, que se vê privado do exercício de funções que lhe conferiam benefícios, assim considerados tanto os de ordem moral quanto os de ordem material, levando-se em conta a sua posição na hierarquia da empresa e as vantagens que o exercício dos cargos de confiança ou em comissão normalmente conferem a seus ocupantes.

Doutro turno, temos que os cargos de confiança revelam estreita correspondência com a direção dos negócios pelo empresário. A boa condução do empreendimento depende de uma boa escolha das pessoas que venham a ocupá-los. Não se pode obrigar o empreendedor a manter em tais cargos pessoas que, embora em ocasião pretérita tenham merecido sua confiança, já não façam jus a ela no presente. O resultado disto seria a ruína da empresa, com todas as conseqüências sociais e trabalhistas daí decorrentes.

---

[75] DELGADO, Maurício Godinho. *Alterações Contratuais Trabalhistas*. São Paulo: Editora LTr, 2000, p. 61.

Dois valores opostos se contrapõem: de um lado a proteção do trabalhador contra as alterações prejudiciais do contrato de trabalho e de outro a essencial liberdade que deve ter o empreendedor na condução de seus negócios.

Optou o legislador laboral pelo segundo valor. O artigo 468, parágrafo único, da CLT, colocou a reversão como caso excepcional não abrangido pela regra do *caput* do mesmo artigo, que prevê a ilicitude das alterações contratuais danosas ao empregado. Trata-se, assim, de hipótese explícita de alteração contratual lesiva autorizada pela legislação trabalhista. Para José Augusto Rodrigues Pinto[76], o desligamento da função de confiança não é sequer considerado alteração contratual pelo legislador, não podendo, por este motivo, ser considerado alteração ilícita.

Isis de Almeida[77] sugere interessante questão, que é a da possibilidade de haver abuso de direito do empregador no caso da reversão utilizada de maneira indiscriminada. Para evitar este abuso, entende ser necessária, em que pese a omissão legislativa, a ocorrência de motivo justificador razoável, como por exemplo o desatendimento de obrigações inerentes ao cargo de confiança ou mesmo sua incapacidade para este exercício.

Roberto Barretto Prado[78] distingue, para efeito de reversão ao cargo efetivo, se o cargo de confiança é exercido em caráter permanente ou provisório. Na primeira hipótese, a alteração contratual seria inadmissível, não se aplicando o artigo 468, parágrafo único, da CLT. Na segunda, existiria a possibilidade de reversão desde que o obreiro tivesse prévia ciência desta peculiaridade.

Outro aspecto que merece análise é o que diz respeito ao tipo de confiança exigida para atrair a incidência do dispositivo legal. O legislador não atribuiu nenhum qualificativo a esta espécie de confiança. Parece-nos que as mesmas razões que autorizam a reversão são as que impedem a obtenção da estabilidade no cargo de confiança (artigo 499 da CLT). Assim, podemos dizer que se

---

[76] PINTO, José Augusto Rodrigues. *Curso de Direito Individual do Trabalho*, 4ª edição. São Paulo: Editora LTr, 2000, p. 400.
[77] ALMEIDA, Isis de. *Curso de Legislação do Trabalho. Teoria e Prática*, 2ª edição São Paulo: Sugestões Literárias S/A, 1977, p. 93.
[78] PRADO, Roberto Barreto. *Tratado de Direito do Trabalho*, volume I, 2.ª edição. São Paulo: Editora Revista dos Tribunais, 1971, p. 149.

trata de confiança estrita do empregador e deve preencher os mesmos requisitos desta para atrair a aplicação do artigo 468, parágrafo único, da CLT, como já anteriormente nos referimos.

Cumpre, por fim, ressaltar que esses mesmos critérios referentes à reversão do cargo de confiança podem ser aplicados ao bancário, exercente de cargo de confiança específica (artigo 224, § 2.º da CLT), podendo este também voltar ao cargo de origem e perder a gratificação de função. Fará jus, nesta hipótese, à jornada de 6 horas diárias concedida aos bancários em geral.

VI.2.C Redução do salário

O princípio da irredutibilidade de salários foi alçado ao âmbito constitucional pela Lei Maior de 1988. Assim, ajustado individualmente determinado valor como contraprestação do trabalho, impossível é sua alteração a menor. Isto ocorre em face de sua natureza alimentar e de sua essencialidade na vida do trabalhador.

Ocorre redução salarial quando o exercente de cargo de confiança retorna ao cargo efetivo anterior e perde as correspondentes vantagens do cargo que ocupava. Trata-se de desdobramento do dispositivo que permite a destituição do cargo de confiança. Por sua relevância, merece apreciação em destaque.

Inicialmente, cumpre salientar que a possibilidade de redução de salário, descrita no parágrafo anterior, parece colidir com o preceito constitucional previsto no artigo 7.º, inciso VI, da Carta Magna. No entanto, isto não ocorre. A redução salarial é conseqüência da reversão e não de regra autônoma que permite a redução salarial. Por esta razão, não há falar em inconstitucionalidade do artigo 468, parágrafo único, da CLT.

A reversão é especialmente danosa para o obreiro porque o priva, de uma hora para outra, das vantagens que o cargo de confiança lhe conferia, muito embora este aspecto não tenha sido tratado de forma explícita pelo legislador. Trata-se, isto sim, de mera conseqüência da alteração de função que não poderia passar despercebida aos olhos atentos do aplicador do Direito do Trabalho, que procurou atenuar as conseqüências maléficas da reversão, ao menos em um de seus aspectos, o financeiro, e desde que atingidos certos requisitos.

O TST editou o Enunciado 209, que previa que "a reversão do empregado ao cargo efetivo implica a perda das vantagens salariais inerentes ao cargo em comissão, *salvo se nele houver permanecido dez ou mais anos ininterruptos*". Portanto, ficavam protegidos pela regra da inalterabilidade contratual, ao menos no aspecto remuneratório, os empregados que tivessem atingido certa estabilidade financeira, tendo sido fixado o parâmetro de dez anos de exercício do cargo de confiança. A amenização do rigor da lei justificava-se pela trágica situação em que se encontravam os empregados que, após atingirem estabilidade financeira gerada pelo longo tempo de exercício do cargo de confiança, viam-se obrigados a uma inaceitável decadência de padrão de vida que havia sido incorporado pelo tempo, através do costume.

Em que pese ter sido o Enunciado 209 cancelado em novembro de 1985, a jurisprudência laboral continuou a pautar-se pelo seu conteúdo, apenas vacilando quanto ao período em que se presumia ter adquirido a estabilidade financeira, predominando o critério decenal.

A Orientação Jurisprudencial n.º 45 da Seção de Dissídios Individuais I revigorou o entendimento que o TST havia abandonado (Enunciado 209) ao adotar quase que o mesmo conteúdo ao dizer que a gratificação de função, percebida por dez ou mais anos, gera, com o afastamento do cargo sem justo motivo, a estabilidade financeira e a manutenção de seu pagamento. Observe-se que apenas foi acrescentada a necessidade de ocorrência de justo motivo, o que não se observava na redação do Enunciado 209.

Vale, ainda, ressaltar que, em caso de despedimento arbitrário, o exercente do cargo de confiança tem direito à antiga indenização do artigo 477 da CLT, caso a ela faça jus, calculada com base nos valores remuneratórios acrescidos das vantagens auferidas pelo exercício do cargo de confiança e não sobre sua remuneração atual, isto caso não tenha percebido maior remuneração desde então. O dispositivo é claro ao referir-se a "uma indenização, paga na base da maior remuneração que tenha percebido na mesma empresa".

VI.3 ESTABILIDADE E GARANTIA NO EMPREGO EM FACE DO CARGO DE CONFIANÇA

Os exercentes de cargo de confiança estrita do empregador, conforme classificação de Russomano acima descrita, não adquirem a estabilidade prevista no artigo 492 da CLT. Quanto à garantia no emprego ou estabilidades provisórias, conquanto a lei não seja explícita a respeito, há entendimento no sentido de que sejam incompatíveis com o exercício do cargo de confiança, como adiante melhor análise deixará claro o assunto.

VI.3.A A estabilidade decenal e os altos empregados

Estabilidade é o direito adquirido pelo obreiro – após a efetivação de condições legais – de permanecer no emprego, mesmo contra a vontade de seu empregador, que perde o direito de rescindir o contrato de trabalho por prazo indeterminado, exceto na ocorrência de motivo relevante, devidamente previsto em lei, ocasião em que a quebra do vínculo pode operar-se por iniciativa do empregador.

A estabilidade do artigo 492 da CLT é definitiva, pois prevê a permanência sem prazo predeterminado no trabalho. Tinha como critério para a sua aquisição o tempo de serviço, pois o obreiro a adquiria após ficar dez anos vinculado à mesma empresa como empregado.

O surgimento do FGTS, com a Lei 5.107/66, foi o primeiro passo para que este sistema fosse substituído: possibilitou-se a opção pelo novel sistema que criava outras garantias para o caso de despedimento injusto que não a estabilidade.

O advento da Carta Magna atual, em 5 de outubro de 1988, foi a pá de cal que selou o destino da estabilidade decenal, visto que generalizou, de maneira obrigatória, o regime do FGTS.

Restaram, contudo, os casos protegidos pelo instituto do direito adquirido: aos empregados não optantes à época da promulgação da nova Constituição Federal que estivessem vinculados há dez anos ou mais à mesma empresa estava assegurada a extinta estabilidade decenal, já que lograram preencher as condições exigidas para a sua aquisição à época em que vigoram os preceitos normativos concessivos, já não recepcionados pela Lei Maior.

Dentre estes empregados, merecem estudo especial os exercentes de cargo de confiança.

O artigo 499 *caput* exclui, explicitamente, os exercentes de "cargos de diretoria, gerência ou outros da confiança imediata do empregador, ressalvado o cômputo do tempo de serviço para todos os fins", do direito à estabilidade por tempo de serviço.

Os §§ 1º e 2º do mesmo artigo distinguem duas situações: a do empregado que nunca exerceu outro cargo na empresa que não o de confiança e a do empregado que, exercendo cargo efetivo, foi alçado à função de confiança.

O primeiro, se bem que tenha mais de dez anos de exercício no cargo de confiança, só tem direito à indenização proporcional ao tempo de serviço prevista nos artigos 477 e 478 consolidados ou àquela do artigo 10, inciso I do Ato das Disposições Constitucionais Transitórias. Cesarino Júnior[79] entende que a indenização, nesta hipótese, somente é devida quando contarem com mais de dez anos de serviço. Caso contrário, nada lhe seria devido. Luiz Roberto de Rezende Puech[80], em visão oposta, sustenta que o artigo 499, § 2.º cuida exclusivamente da estabilidade e que o legislador restringe este direito apenas aos ocupantes de cargo de confiança que ultrapassarem dez anos de serviços. Quanto aos que não tenham excedido este limite, não foi intenção do legislador suprimir-lhes o direito, que é genericamente assegurado a todos os empregados, de indenização por despedida injusta ou sem justa causa.

Ao segundo (empregado que, exercendo cargo efetivo, fora guindado à função de confiança) é assegurada a reversão ao cargo efetivo e, portanto, o direito à estabilidade. Não se lhe assegura a estabilidade na função de confiança, mas sim no cargo efetivo, ressalte-se. Assim, contando, por exemplo, seis anos de cargo efetivo e cinco anos no exercício de posto de gerência, será estável.

---

[79] CESARINO JÚNIOR, A. F. *Consolidação das Leis do Trabalho*, 4ª edição, volume II. São Paulo, Rio de Janeiro: Livraria Freitas Bastos, 1956, p. 46.
[80] PUECH, Luiz Roberto de Rezende. *Direito Individual e Coletivo do Trabalho (Estudos e Comentários)*. São Paulo: Editora Revista dos Tribunais, 1960, pp. 97/98.

Há entendimento no sentido de que a reversão somente seria exigível se houvesse exercido por dez anos o cargo efetivo, não se computando, para os efeitos da estabilidade, o período de exercício da função de confiança.

Quanto aos requisitos da confiança para a incidência do dispositivo remetemos, mais uma vez, o leitor à classificação das diversas espécies de confiança que encontramos na legislação laboral, apreciadas anteriormente.

Os motivos que levaram à confecção deste dispositivo pelo poder legiferante, merecem ser mencionados.

Relembramos, para tanto, que o empreendedor não pode estar sujeito à obrigação imposta por lei de manter no cargo, que é de sua confiança, empregado que deixou de merecê-la, sob pena de estar violada a sua liberdade de condução do empreendimento e, assim, não poder ser exigido dele que assuma os riscos do negócio. Esta parece ser a razão motivadora do preceito.

VI.3.B A garantia de emprego e os exercentes do cargo de confiança

Ao lado da estabilidade definitiva encontramos em nosso ordenamento jurídico a estabilidade transitória ou garantia de emprego. Esta, ao contrário da anterior, que tem duração indefinida, tem prazo temporal de vigência, impossibilitando o direito de resilição do contrato de trabalho por iniciativa do empregador enquanto perdurarem seus efeitos.

Como vimos, não há norma explícita que retire, dos empregados em epígrafe, o direito à garantia de emprego provisória prevista para os dirigentes sindicais, membros representantes dos empregados na CIPA, gestantes, acidentados no trabalho etc.

Entretanto, uma questão se coloca: o artigo 499 seria aplicável por analogia a estes casos, excluindo o direito à estabilidade?

A analogia, forma de integração do direito, possui alguns pressupostos que, ocorridos, ensejam a sua aplicação. O primeiro deles é a ausência de norma reguladora sobre determinado assunto que caracteriza a lacuna no ordenamento. O segundo é a ocorrência de uma fundamental semelhança entre os dois casos, aquele que a lei regula e o que se quer regular mas se ressente da ausência de norma específica.

Quanto ao assunto que estamos a analisar é evidente a ausência de norma reguladora a ser aplicável ao caso. Cumpre averiguar se a semelhança entre as duas situações é fundamental ou secundária. Só a primeira autoriza a analogia.

No que tange aos efeitos, difere a estabilidade do artigo 492 das estabilidades especiais, previstas em legislação esparsa ou mesmo na Constituição Federal no que concerne à sua durabilidade no tempo: a primeira é definitiva e a segunda – salvo exceções ocorridas em algumas estabilidades por acidente do trabalho, previstas em certas Convenções Coletivas de Trabalho – transitória.

Em relação à forma de rompimento do vínculo empregatício na hipótese de ocorrência de motivo relevante, na decenal só a intervenção judicial pode determinar o despedimento do estável; na provisória, ressalvado o caso do dirigente sindical, a intervenção judicial é dispensável para o desfazimento do vínculo, que pode operar-se por iniciativa do próprio empregador, em ocorrendo falta grave.

No que concerne aos requisitos de aquisição, os critérios adotados são os mais variados: na absoluta, o tempo de serviço; nas relativas, ora o exercício de gestão sindical, ora a ocorrência de acidente do trabalho etc.

Podemos observar que estamos diante de diferenças circunstanciais e não essenciais, pois o cerne do instituto da estabilidade permanece em todos os casos, qual seja, a perda, temporária ou definitiva, da liberdade de rompimento unilateral do contrato de trabalho por prazo indeterminado por iniciativa do empregador.

Qualquer estabilidade não pode prevalecer diante da ocorrência de falta grave ou força maior. Ressalte-se, contudo, que nem todas as formas estabilitárias prevêem isto explicitamente, como no caso da estabilidade por acidente do trabalho prevista no artigo 118 da Lei 8.213/91. É evidente que o cometimento de falta grave ou concretização de motivo de força maior autorizam o despedimento do acidentado estável. O fundamento jurídico que autoriza esta atitude do empregador é a aplicação analógica da ressalva prevista no artigo 492 da CLT: "senão por motivo de falta grave ou circunstância de força maior, devidamente comprovadas".

Os motivos que levaram o legislador a prever a ressalva são inteiramente aplicáveis aos casos de estabilidade relativa e, por esta razão, a eles utilizáveis por analogia.

Pelo mesmo fundamento entendemos que o exercente de cargo de confiança também não pode adquirir estabilidade provisória, pois os mesmos motivos, anteriormente explicitados neste estudo, que levaram a excluir a estabilidade decenal para eles, são aplicáveis às estabilidades provisórias, pois, como vimos, o cerne dos institutos mantém-se íntegro tanto na estabilidade da CLT, quanto nas previstas em outros diplomas normativos.

Neste sentido podemos mencionar o julgado 03308/98 da 2.ª Turma do TRT da 12ª Região[81], cujo teor parcialmente reproduzimos para concluir:

> *ESTABILIDADE SINDICAL – CARGO DE CONFIANÇA – INCOMPATIBILIDADE*
> "*O exercício de cargo de confiança exclui do empregado o direito à estabilidade provisória decorrente do exercício de cargo de dirigente sindical, porque nesse caso, demissível o empregado* ad nutum."

VI.4 INTEGRAÇÃO DO SALÁRIO *IN NATURA*

O salário pago parcialmente em utilidades é admitido com restrições pela legislação laboral. O fornecimento de utilidades ao trabalhador, como contraprestação pelo trabalho, foi a forma primitiva de sua retribuição e mereceu regulamentação especial pelo legislador a fim de evitar abusos por parte do empregador que, utilizando-se de artifícios, poderia servir-se desta espécie de contraprestação para fraudar direitos trabalhistas.

VI.4.A Interpretação teleológica da integração dos benefícios em espécie ao salário

As normas protetivas do trabalho, regulamentando a matéria, passaram a considerar como parcela salarial as utilidades recebidas e impuseram limites máximos que tais bens ou benefícios poderiam alcançar em relação à totalidade do salário pago. Tais regras são previstas nos artigos 81, 82 e 458, todos da CLT.

---

[81] REVISTA LTR, volume 62, n.º 10, outubro de 1998. São Paulo: Editora LTr, p. 1338.

Inicialmente, cumpre apreciar as razões da determinação de serem as parcelas *in natura* consideradas salário. Muitas vezes, o empregador, com o intuito de fugir de encargos trabalhistas como férias, décimo terceiro salário etc. e para não majorar a base de cálculo de horas extras e adicionais, camuflava o pagamento de salário adimplindo-o sob a forma de bens que graciosamente oferecia aos seus empregados e, se não fossem por lei considerados salário, não serviriam como base para pagamento de outros haveres trabalhistas, como acima mencionado, minguando seus valores. Ademais, caso não fossem estas vantagens consideradas salário, não estariam protegidas pela regra da irredutibilidade. Assim, ficariam ao arbítrio do empregador, que poderia suprimi-las quando bem entendesse.

Quanto ao limite imposto proporcionalmente ao salário, objetivou o legislador evitar o conhecido *truck system* em uma de suas mais conhecidas modalidades. Fornecendo ao empregado gêneros de primeira necessidade, o empregador eximia-se do pagamento em dinheiro, tornando mais profunda a dependência econômica do empregado a ponto de reduzi-lo quase à condição de escravo.

Há, atualmente, uma tendência jurisprudencial de restringir as parcelas em espécie que devem ser consideradas como salário *in natura*. O legislador, acompanhando esta propensão, editou a Lei 10.243 de 19 de junho de 2001, que alterou o artigo 458, § 2.º, da CLT, para já não considerar como salário diversas utilidades concedidas pelo empregador, tais como: vestuários; equipamentos e outros acessórios; pagamentos relativos à educação em estabelecimento próprio ou de terceiros, compreendendo matrícula, mensalidade, anuidade, livros e material didático; transporte para o trabalho e retorno; assistência médica, hospitalar ou odontológica, prestada diretamente ou mediante seguro-saúde; seguros de vida e acidentes pessoais; e a previdência privada. A Orientação Jurisprudencial 246 da SDI I do TST prevê que o fornecimento de veículo para o trabalho não é salário utilidade mesmo que venha a ser utilizado em atividades particulares do empregado.

VI.4.B O pagamento em espécie dos altos empregados

Quanto mais qualificado determinado empregado tanto mais procurado é o seu trabalho. As empresas, cada vez mais, disputam acirradamente os empregados mais gabaritados, oferecendo-lhes salários altos o suficiente para atraí-los a seu serviço.

Uma vez atingido este objetivo, estes altos empregados das grandes empresas passam a personificá-la. O padrão de vida que levam passa a dizer respeito, não só pessoalmente ao empregado, mas também aos interesses da empresa, que vê com bons olhos o fato de que elementos que tanto a representam, tenham padrão de vida condizente com suas funções de forma que passem aos clientes uma imagem positiva de prosperidade, sucesso e confiança.

Assim, passam as empresas a possibilitar o acesso destes empregados a bons restaurantes, a portar vestimentas de qualidade, a ser conduzidos em automóveis vistosos, a freqüentar lugares abertos ao público ocupando os mais privilegiados lugares, tudo com a finalidade de elevar o conceito da empresa no mercado.

Possivelmente, se estes valores fossem pagos sob a forma de pecúnia, como salário tradicional, muitos destes empregados prefeririam aplicar seus ganhos em outras atividades que considerassem mais úteis, privando seu empregador desta oportunidade de ouro de destacar-se no mercado através de seus prepostos ou, quiçá, perder clientes que, inconformados com o baixo padrão de vida dos altos empregados daquela empresa, talvez viessem a preferir novo fornecedor, migrando para o concorrente.

Observa-se, destarte, que as razões que levaram o legislador a elevar ao âmbito legislativo as restrições ao salário *in natura* não são condizentes com a realidade dos altos empregados. Não se vá dizer que determinada empresa paga ternos feitos pela alta costura ou fornece carros importados a seus diretores-empregados com o intuito de evitar reflexos em verbas trabalhistas. O objetivo é outro, como vimos.

Podemos, assim, segundo a tradicional regra, indagar se determinada verba foi concedida para o trabalho ou pelo trabalho, para discernir se é ou não remuneração. Há razões de sobra para considerar que os regalos concedidos a altos empregados de médias e grandes empresas têm como objetivo tornar mais producente e útil o trabalho para a empresa do que como forma de retribuição auferida como contraprestação pelo trabalho.

Concluímos, assim, que as utilidades fornecidas a altos empregados de grandes empresas não podem e não devem ser consideradas salário-utilidade para efeitos de integração em férias, décimo terceiro e aviso prévio e para servir como base de cálculo de horas extras e adicionais e para efeito de aplicação do princípio da irredutibilidade salarial.

VI.5 FLEXIBILIZAÇÃO

Ari Possidonio Beltran[82], analisando várias questões que envolvem os empregados de confiança, faz interessante abordagem do aspecto da flexibilização de direitos trabalhistas no que concerne aos altos empregados.

A modernização do Direito do Trabalho identifica-se, atualmente, com a flexibilização de direitos laborais. A crise econômica mundial, marcante e comum especialmente em países emergentes, traz à lembrança a idéia de adotar a diminuição de direitos dos empregados como forma de atenuar seus efeitos: restringindo vantagens dos trabalhadores estaríamos oferecendo ao empreendedor meios de restringir custos e, com isto, facilitando a sua sobrevivência ante uma situação de dificuldade.

Ocorre, entretanto, que a doutrina da flexibilização no Direito do Trabalho, ainda hoje, sofre resistência por parte de estudiosos do assunto, exceto em relação aos ocupantes de cargo de confiança. Apesar de repelida quanto à generalidade dos empregados, é aceita no que se refere aos altos empregados. A situação econômica privilegiada e o maior grau de responsabilidade profissional destes são apontados como motivos bastantes para justificar o tratamento desigual dos "empregados de colarinho branco" em relação aos "empregados de macacão".

Assim, podemos concluir que, muito embora a flexibilização generalizada não seja aceita de maneira unânime pela doutrina, por retirar dos trabalhadores direitos outrora considerados sagrados, podemos asseverar que ela é, sem dúvida, bem apropriada e justa quando aplicada a trabalhadores de alto nível.

---

[82] BELTRAN, Ari Possidonio. Cargos de Confiança – Algumas questões – Diretor eleito – Conseqüências sobre o contrato de trabalho. In: *Revista AASP* n.º 39, maio de 1993, pp. 9/12.

VII. Autonomia Coletiva, Sindicatos e Cargos de Confiança

Os altos empregados têm prerrogativas próprias do empregador, como vimos anteriormente, o que proporciona aos empregados subalternos vê-los como elementos estranhos à sua classe. A pouca afinidade de condições de vida e metas sociais divergentes não trazem estímulo para o engajamento dos empregados mais qualificados no sindicato da categoria profissional na qual estão enquadrados os demais obreiros da empresa onde desempenham suas funções. Estes fatores tendem a ser elementos de separação entre estas duas classes de empregados, em que pese seu trabalho seja realizado na mesma empresa, tornando inviável seu agrupamento em um mesmo sindicato. Surge daí o problema do enquadramento sindical dos altos empregados.

Apesar da alardeada liberdade sindical, proclamada com pompa no *caput* do artigo 8.º da Constituição Federal, não podemos asseverar que esta liberdade seja plena.

A adoção da representação sindical exclusivamente por categoria profissional ou econômica, que deve ser única em determinada base territorial e que, necessariamente, tem de ser igual ou maior a um município, afrontam esta liberdade e coíbem o natural e sadio florescimento de sindicatos por profissão ou por empresa.

Esta restrição, imposta pelo nosso atual modelo de sindicato, afeta diretamente a classe dos altos empregados, impedindo-os de constituir agremiações próprias que reflitam a similitude de suas condições de vida e padrão social e defendam seus peculiares interesses. Isto leva, inevitavelmente, a um afastamento da vida sindical por parte dos altos empregados, que, por não verem nenhuma consonância ou semelhança entre a sua situação e a dos demais empregados da categoria profissional à qual, artificialmente e por mandamento legal, estão enquadrados, desprezam, por falta de interesse, a vida sindical.

Este é um dos aspectos danosos que nosso sistema sindical proporciona aos empregados, dentre outros que deixamos de mencionar apenas para não fugir do tema deste trabalho. Ousamos, simplesmente, transcrever um incisivo comentário de Hugo Gueiros Bernardes[83] acerca da liberdade sindical em nosso sistema atual e que reflete magnificamente esta situação:

> *"Ora, a simples criação legal de 'categorias', 'grupos' e 'planos' (artigo 577 da CLT), formando o 'sistema confederativo' que a Constituição supostamente recepcionou (artigo 8.º IV) é o mais grave atentado à liberdade sindical, pois a encerra numa moldura que, além de asfixiante, está inteiramente inadequada à realidade contemporânea da economia.*
>
> *Não se pode ver verdadeira liberdade sindical no Brasil enquanto esse malfadado 'sistema' for a camisa de força em que o Estado mete essa liberdade; isto é um atentado muito mais grave do que a própria contribuição sindical, que apenas sustenta o monismo antidemocrático e certamente o fará enquanto ele existir.*
>
> *Esta afronta ao princípio universal da liberdade sindical, a própria Constituição autoriza, ao preservar o 'sistema confederativo de representação sindical' (artigo 8.º, IV da Constituição).*

---

[83] BERNARDES, Hugo Gueiros. Níveis da Negociação Coletiva. In: PRADO, Ney (Coordenador). *Direito Sindical Brasileiro*. São Paulo: Editora LTr, 1998, pp. 157/158.

> *Hierarquizar a organização sindical já é um abuso; mas dizer que federação e confederação não podem negociar livremente é uma violência, que só o monismo autoritário explica; e porque ele explica, e a Constituição de 1988 o acolhe, é preciso concluir que a Constituição de 1988 ficou devendo um gesto mais democrático a esse respeito".*

Em alguns países, há nítida separação da vida sindical entre os empregados subalternos e os altos empregados. Estes tendem a formar quadros especiais de dirigentes de empresas que acabam associando-se em sindicatos próprios. Isto naturalmente ocorre naqueles países em que a liberdade sindical atinge um estágio bem mais avançado que o observado em nosso país. A *Federation des Cadres,* na França, e os *Sindacati dei Dirigenti Aziendali,* na Itália, comprovam esta realidade que é a necessidade de criação de sindicatos e associações profissionais próprias e exclusivas dos altos empregados, destacadas das representações profissionais dos demais empregados.

VIII. Os Cargos de Confiança e a Administração Pública

O elemento subjetivo do órgão público denomina-se, de maneira genérica, *agente público*. A natureza das competências e atribuições que lhe são conferidas distingue-o em *agentes políticos* – quando estão relacionadas com a estrutura fundamental do poder – e *agentes administrativos* – quando não têm relação direta com esta estrutura e caracterizam-se pela profissionalidade e subordinação.

Os agentes administrativos subdividem-se em militares e servidores públicos civis, que podem ser de quatro espécies: os funcionários públicos (servidores investidos em cargo público); os empregados públicos (servidores investidos em emprego público); os prestacionistas de serviço público temporário (servidores contratados por tempo determinado); e os servidores em sentido estrito (admitidos em funções públicas)[84].

---

[84] SILVA, José Afonso da. *Curso de Direito Constitucional Positivo*, 18ª edição. São Paulo: Malheiros Editores, 2000, p. 662.

Para Celso Antônio Bandeira de Mello[85], a designação "servidor público" tem alcance mais restrito, já que não é possível abarcar no conceito os empregados das entidades da Administração Indireta de Direito Privado, pois, segundo ele, a substituição do título da Seção II, do capítulo VII do Título III da Constituição Federal de "Dos Servidores Públicos Civis" para "Dos Servidores Públicos" significaria, não só a exclusão dos militares do conceito de servidor público, mas também dos ocupantes de emprego nas pessoas jurídicas da Administração Indireta de Direito Privado. Assim, na atualidade, a designação "servidor público" seria apenas uma espécie do gênero "servidor estatal". Assim, o servidor público poderia ocupar cargo ou emprego público, mas apenas nas pessoas jurídicas de Direito Público e suas autarquias. Ao lado do servidor público, teríamos outra espécie de *servidor estatal* que seriam os servidores das pessoas governamentais de Direito Privado. Estes somente podem ocupar empregos públicos e jamais cargos públicos.

Interessa a nosso estudo estabelecer a distinção entre empregado público e funcionário público. O ocupante de cargo público mantém um vínculo administrativo com o Poder Público, ou seja, é regido por um regime estatutário e institucional. O ocupante de emprego público tem um vínculo de natureza contratual com a Administração que é regido pela Consolidação das Leis do Trabalho.

VIII.1 PECULIARIDADES DO EMPREGO PÚBLICO

Na relação privada laboral de direito privado só há um regime jurídico para ser escolhido, que é o da CLT. Entretanto, isto não ocorre na relação de trabalho com entidades públicas. Existe, nesta hipótese, a possibilidade de adoção, conforme o caso, do regime privado ou do regime estatal.

Observamos, assim, que o direito público admite para os agentes que mantêm relação de trabalho com a Administração Pública a incorporação do regime jurídico privado para reger as suas relações laborais, a CLT. Em duas hipóteses podemos falar em emprego público: com relação às pessoas jurídicas de Direito

---

[85] MELLO, Celso Antônio Bandeira de. *Curso de Direito Administrativo*, 13ª edição. São Paulo: Malheiros Editores, 2001, p. 230.

Público e suas autarquias, de forma eventual e restrita, uma vez que o regime normal que rege a relação de trabalho com estes entes é o estatutário; e com relação às pessoas jurídicas estatais de Direito Privado, quais sejam, as sociedades de economia mista, as empresas públicas e as fundações de Direito Privado, de forma necessária.

Quando se adota o regime privado, estamos falando de emprego público. Caso estejamos diante de um cargo público, o regime é o administrativo, conforme mencionamos acima.

O que fundamentalmente diferencia o emprego do cargo é o título sob o qual se dá o provimento de um e de outro[86], bem como o regime jurídico que rege a relação.

Podemos verificar que o emprego público dá ensejo a um tipo de relação peculiar, pois, muito embora o regime adotado seja o das empresas privadas, este não pode incidir de forma absoluta em face da presença da Administração Pública num dos pólos da relação jurídica laboral.

Esta presença gera inúmeras peculiaridades e exceções à aplicação da regra geral que rege a relação de emprego no direito privado (CLT). A abordagem destas singularidades em relação ao empregado público que exerce alguma atribuição de confiança é o objeto do presente estudo.

Trata-se de uma análise de incidência ou não das regras que regem os altos empregados na relação laboral privada quando num dos pólos temos uma pessoa jurídica de Direito Público, quer da Administração Direta quer da Indireta. Por se tratar de matéria estranha a nosso estudo, uma vez que sua relação jurídica é da natureza administrativa, os funcionários públicos com atribuições de confiança não serão objeto de apreciação.

VIII.2 A FUNÇÃO DE CONFIANÇA E OS CARGOS EM COMISSÃO

As funções de confiança e os cargos em comissão, antes da Emenda Constitucional nº 19, deveriam, preferencialmente, ser

---

[86] BASTOS, Celso Ribeiro. *Curso de Direito Administrativo*, 2ª edição. São Paulo: Editora Saraiva, 1996, p. 278.

exercidos, por servidores ocupantes de cargo de carreira técnica ou profissional, nos casos e condições previstos em lei. A reforma constitucional de 4 de junho de 1998 impôs tratamento jurídico diverso ao assunto. A partir de então, as funções de confiança só podem ser exercidas por servidores de cargo efetivo e os cargos em comissão deverão ser preenchidos em um percentual mínimo a ser estipulado por lei por servidores de carreira. Admite-se então a possibilidade de sua ocupação por pessoas que não ocupem cargos públicos. A distinção funda-se no fato de que os cargos em comissão, como qualquer outro cargo, têm previsão de remuneração própria, o que possibilita o seu exercício por especialistas e técnicos alheios aos quadros administrativos. Já as funções de confiança, por não disporem de remuneração própria, devem ser preenchidas apenas pelos ocupantes de cargos. Assim, por não terem previsão de remuneração própria, não podem ser preenchidas por pessoas alheias à Administração.

Quanto à função pública, cumpre estabelecer alguns esclarecimentos e distinções. A função, em seu sentido amplo, deve ser entendida como um conjunto de atribuições, poderes, direitos e deveres ínsitos ao exercício do mister público. Historicamente, no entanto, a função foi usada para burlar a exigência de concursos públicos e a criação por lei de cargos e empregos públicos. Destarte, havia servidores que ocupavam funções sem previsão legal e sem prestar concurso para seu preenchimento.

A Constituição em vigor procurou acabar com essa utilização escusa da função pública e delimitou sua abrangência, definindo-a como um conjunto de atribuições que serão exercidas por quem já é funcionário, trazendo, a quem a exerce, alguma vantagem pecuniária. Assim, falando em função pública estamos a falar necessariamente em cargos públicos, o que afasta a incidência da Consolidação das Leis do Trabalho.

Tampouco podemos falar em restrições da aplicação da CLT, no que concerne às regras referentes aos ocupantes de cargo de confiança lá previstas, e isto, pelas razões expostas a seguir.

Os cargos, quanto à vocação para retenção de seus ocupantes, podem ser classificados como de provimento efetivo, em comissão ou vitalício. Os cargos em comissão, cujos provimentos dispensam concurso público, são ocupados em caráter transitório por pessoa de confiança da autoridade competente para preenchê-los e exonerá-los livremente. Sendo, pois, espécies de cargos públicos, o regime jurídico que os rege é o estatutário e não o privado. Não podemos, pois, a exemplo das funções públicas, falar em restrições da aplicabilidade das regras da CLT concernentes aos ocupantes de cargos em comissão. Corroborando este entendimento transcrevemos o seguinte julgado[87]:

> *PODER PÚBLICO. CARGO EM COMISSÃO. RELAÇÃO DE EMPREGO. INOCORRÊNCIA.*
> *Inexiste relação de emprego entre o servidor ocupante de cargo em comissão e a Administração Pública. O vínculo é de caráter administrativo, sujeito à livre nomeação e exoneração do comissionado, não havendo que se confundir cargo com emprego público. TRT/SP 15ª Região 1.910/00 – Ac. 4ª T. 33.734/00. Rel. Valdevir Roberto Zanardi. DOE 18.9.00, p. 16.*

É possível aos empregados públicos, outrossim, exercer funções e cargos de confiança, mas não em seu sentido técnico e administrativo, que acabamos de expor, mas sim no sentido que lhes atribui a Consolidação das Leis do Trabalho. Isto ocorre nas empresas públicas e sociedades de economia mista e, geralmente, quando leis locais, sobretudo as de municípios, atribuem explicitamente o regime jurídico da CLT aos ocupantes de cargo de confiança nas pessoas jurídicas de Direito Público e suas autarquias e fundações. Isto ocorre, especialmente, com o intuito de tornar tal emprego de livre nomeação e destituição da autoridade administrativa, prescindindo de concurso público. Este julgado[88], que transcrevemos a seguir, expressa a contento esta idéia:

> *FGTS. CARGO EM COMISSÃO.*
> *Quando a lei local disciplina que o regime jurídico do cargo em comissão é o celetista, assiste ao seu ocupante, após*

---

[87] REVISTA DO TRIBUNAL REGIONAL DO TRABALHO DA 15ª REGIÃO, n.º 14, São Paulo: Editora LTr, 2001, p. 247.
[88] Idem, p. 235.

> *a CF de 1988, o direito aos depósitos do FGTS, sem o acréscimo de 40% a título de multa pela despedida arbitrária, que inocorre na destituição do servidor comissionado (art. 37, inciso II, da CF). TRT/SP 15.ª Região 19.097/00 – Ac. 1ª T. 44.738/00. Rel. Luiz Antônio Lazarim. DOE 4.12.00, p. 12.*

Muito embora, como já ponderamos anteriormente, a presença pública num dos pólos da avença contratual possa restringir a aplicação de algumas regras concernentes à relação privada de emprego, em face da incidência de determinados dispositivos constitucionais de aplicabilidade generalizada a todos os agentes administrativos, as normas concernentes aos altos empregados e exercentes de cargo de confiança têm, de ordinário, aplicação plena aos empregados públicos, uma vez que não há nenhum óbice constitucional à sua incidência, neste particular.

Vale, contudo, mencionar, exemplificativamente, algumas hipóteses em que tais regras sofrem algumas restrições.

Os empregados públicos que exercem função de confiança do administrador do ente público para o qual trabalham, podem ter sua reversão ao cargo de origem determinada. Para os empregados de empresas privadas, não há óbice a isto (salvo opinião contrária de Ísis de Almeida, à qual já nos referimos, que entende haver necessidade de motivos justificadores). No entanto, tratando-se da mesma hipótese fática em relação ao empregado público, a situação seria outra.

Os administradores dos entes estatais mencionados não gerem negócio particular, onde prevalece o princípio da autonomia da vontade, mas sim um interesse de toda a coletividade, cuja gestão requer respeito à isonomia e fundamentação dos atos praticados. Assim, a reversão de empregados públicos ao cargo de origem precisa ter motivos que a embasem, quer sejam estes com relação ao próprio empregado, como no caso de faltas ou por motivo de incompetência, quer sejam com relação à própria administração, na hipótese de enxugamento dos quadros mas, em qualquer hipótese, dando oportunidade de manifestação ao interessado. Caso tal procedimento não seja adotado, a reversão deve ser considerada inválida, por faltar-lhe o requisito da impessoalidade, que deve sempre pautar o procedimento de quem conduz a coisa pública.

Ressalte-se, porém, que recente Orientação Jurisprudencial da SDI 1 do C. TST (n.º 247) parece ir contra este entendimento no que concerne às empresas públicas e sociedades de economia mista, permitindo a despedida imotivada de servidor público concursado:

> 247- *Servidor Público. Celetista concursado. Despedida imotivada. Empresa pública ou sociedade de economia mista. Possibilidade.*

Para concluir, é relevante acrescentar que o ocupante de emprego público em comissão, que é de livre nomeação e exoneração, não faz jus a aviso prévio e multa de 40% do FGTS e outras verbas rescisórias para o caso de despedida imotivada, pois seu contrato de trabalho, nesta hipótese, poderia ser considerado por prazo determinado, como expressa o julgado[89] cuja ementa segue transcrita:

> *EMPREGO PÚBLICO. CARGO EM COMISSÃO. VERBAS RESCISÓRIAS INDEVIDAS.*
> *O cargo em comissão, de livre nomeação e exoneração, após a edição da Constituição da República/88 (art. 37, II), é incompatível com a dispensa nos moldes da legislação trabalhista, não fazendo o seu ocupante jus às verbas rescisórias. Remessa* ex officio, *com argüição do Ministério Público a respeito, a que se dá provimento. TRT/SP 15.ª Região 15.586/98 – Ac. 2ª T. 21.044/00. Rel. I. Renato Buratto. DOE 12.6.00, p. 47.*

---

[89] REVISTA DO TRIBUNAL REGIONAL DO TRABALHO DA 15ª REGIÃO, n.º 13, São Paulo: Editora LTr, 2001, p. 251.

IX. Conclusão

Muitas vezes, o Direito do Trabalho, por ser extremamente tuitivo em situações em que não deveria sê-lo, acaba voltando-se contra os que pretendia proteger. Em certas ocasiões, a manutenção do emprego pode ser mais importante que certos direitos laborais, muitas vezes tidos por sagrados, como por exemplo a irredutibilidade de salário. A própria mulher, em face da proteção à maternidade, acaba por ser discriminada. Foi preciso socializar o pagamento da licença gestante para atenuar esta situação.

O cargo de confiança é fundamental para o empresário tocar seu negócio. A maleabilidade em seu manuseio concretiza o instrumento que o empreendedor precisa para, livremente, tocar sua empresa e, assim, arcar, por sua conta e risco, com eventuais fracassos no negócio.

Ademais, é justo que empregados de nível mais elevado tenham tratamento menos protetivo pelas leis trabalhistas e proporcional à sua graduação dentro da empresa. A Justiça está em tratar desigualmente aos que estão em situações desiguais.

Entendemos ser, ainda, um pouco acanhada a nossa legislação neste aspecto, motivo pelo qual merece ser revista neste particular, para atingir o nível de ousadia necessário e suficiente para propiciar ao empreendedor as ferramentas de que precisa para manter em pé o seu empreendimento e, com isto, aumentar substancialmente a oferta de emprego com a conseqüente elevação do nível econômico da sociedade. Pensamos que o ideal seria o surgimento de um estatuto diferenciado e específico para os altos empregados, tal a sua distância em relação aos demais obreiros, a exemplo de outros países.

Outro aspecto que merece revisão normativa diz respeito a nosso modelo atual de sindicato. A exclusão dos exercentes de cargo de confiança é apenas uma das inúmeras manifestações de injustiça desse sistema que se mantém, ainda, por pressão de grupos minoritários, mas poderosos, que têm interesses escusos com sua manutenção.

Por fim, até que não ocorram estas alterações legislativas às quais nos referimos anteriormente – se é que um dia ocorrerão – cumpre papel supletivo de extrema importância ao aplicador do direito, que, com base nos fundamentos que expusemos no transcorrer deste trabalho e usando como instrumento jurídico a analogia, forma poderosa de integração do direito, pode aplicar de forma menos intensa o princípio protetivo aos altos empregados e aos exercentes de cargo de confiança.

X. Obras Citadas e/ou Consultadas

ALMEIDA, Isis de. *Curso de Legislação do Trabalho. Direito Individual do Trabalho. Teoria e Prática*, 2ª edição. São Paulo: Sugestões Literárias S/A, 1977, p. 92.

ALMEIDA, Renato Rua de. *Cargo de Confiança: Efeitos no Contrato de Trabalho. In:* VOGEL NETO, Gustavo Adolpho. Curso de Direito do Trabalho em homenagem ao Prof. Arion Sayão Romita. Rio de Janeiro: Editora Forense, 2000, p. 361.

_____. O Moderno Direito do Trabalho e a Empresa: Negociação Coletiva, Representação dos Empregados, Direito à Informação, Participação nos Lucros e Regulamento Interno. *In: Revista LTr*, nº 1, janeiro de 1998. São Paulo: Editora LTr, 1998, pp. 37/41.

BASTOS, Celso Ribeiro; MARTINS, Ives Gandra. *Comentários à Constituição do Brasil*, Volume II, artigos 5º a 17. São Paulo: Editora Saraiva, 1989.

_____. *Curso de Direito Administrativo*, 2ª edição. São Paulo, Editora Saraiva, 1996.

BELTRAN, Ari Possidonio. *Os impactos da integração econômica no Direito do Trabalho. Globalização e Direitos Sociais*. São Paulo: LTr, 1998.

_____. Cargos de Confiança – Algumas questões – Diretor eleito – Conseqüências para o Contrato de Trabalho. *In: Revista AASP*, nº 39, maio de 1993, São Paulo: 1993.

BERNARDES, Hugo Gueiros. Níveis da Negociação Coletiva. *In*: PRADO, Ney (Coordenador). *Direito Sindical Brasileiro*. São Paulo : Editora LTr, 1998, pp. 157/158.

CARRION, Valentin. *Comentários à Consolidação das Leis do Trabalho*, 25ª edição. São Paulo: Saraiva, 2000.

CATHARINO, José Marthins. *Contrato de emprego*. Rio de Janeiro: Edições Trabalhistas, 1965.

CESARINO JÚNIOR, A. F. *Consolidação das Leis do Trabalho*, 4ª edição, volume I e II. São Paulo, Rio de Janeiro: Livraria Freitas Bastos, 1956.

COELHO, Fábio Ulhoa. *Curso de Direito Comercial*, volume 1 (5ª edição-2001) e volume 2 (1999). São Paulo: Saraiva, 1999 e 2001.

DELGADO, Maurício Godinho. *Alterações Contratuais Trabalhistas*. São Paulo: Editora LTr, 2000.

DINIZ, Maria Helena. *Norma Constitucional e seus efeitos*, 3ª edição. São Paulo: Editora Saraiva, 1997.

GOMES, Orlando; GOTTSCHALK, Elson. *Curso de Direito do Trabalho*, 14ª edição. Rio de Janeiro: Forense, 1995.

KELSEN, Hans. *O problema da Justiça*. São Paulo: Martins Fontes, 1993.

LOTUFO, Renan. *Questões Relativas e Mandato, Representação e Procuração*. São Paulo: Editora Saraiva, 2001.

MAGANO, Octávio Bueno. *Manual de Direito do Trabalho (Parte Geral)*, volume I. São Paulo: Editora LTr e Editora da Universidade de São Paulo, 1980.

_____. *Manual de Direito do Trabalho (Direito Individual do Trabalho)*, volume II. São Paulo: Editora LTr e Editora da Universidade de São Paulo, 1981.

MARANHÃO, Délio; CARVALHO, Luis Inácio Barbosa. *Direito do Trabalho*, 17ª edição. Rio de Janeiro: Editora da Fundação Getúlio Vargas, 1993.

MARANHÃO, Délio. *Direito do Trabalho*, 14ª edição. Rio de Janeiro: Editora da Fundação Getúlio Vargas, 1987.

MARTINS, Sérgio Pinto. *Direito do Trabalho*, 8ª edição. São Paulo: Editora Atlas, 1999.

MELLO, Celso Antônio Bandeira de. *Curso de Direito Administrativo*, 13ª edição. São Paulo: Malheiros Editores, 2001.

MIRANDA, Pontes de. *Tratado de Direito Privado*, Parte Especial, 3ª edição. Rio de Janeiro: Borsoi, 1970.

MONTORO, André Franco. *Introdução à Ciência do Direito*, 25ª edição. São Paulo: Editora Revista dos Tribunais, 1999.

MORAES FILHO, Evaristo de; MORAES, Antônio Carlos Flores de. *Introdução ao Direito do Trabalho*, 8ª edição. São Paulo: Editora LTr, 2000.

NASCIMENTO, Amauri Mascaro. *Curso de Direito do Trabalho*, 16ª edição. São Paulo: Editora Saraiva, 1999.

_____ . *Iniciação ao Direito do Trabalho*, 30ª edição. São Paulo: Editora LTr, 2004.

OLIVEIRA, Francisco Antônio de. *Comentários aos Enunciados do TST*, 4ª edição. São Paulo: Editora Revista dos Tribunais, 1997.

OS PENSADORES. *História das grandes idéias do mundo ocidental*, volume IV, Aristóteles. São Paulo: Editora Abril S/A, 1973.

PINTO, José Augusto Rodrigues. *Curso de Direito Individual do Trabalho*, 4ª edição. São Paulo: Editora LTr, 2000.

PRADO, Ney (Coordenador). *Direito Sindical Brasileiro*. São Paulo: Editora LTr, 1998.

PRADO, Roberto Barreto. *Tratado de Direito do Trabalho*, volume I, 2ª edição. São Paulo: Editora Revista dos Tribunais, 1971.

PUECH, Luiz Roberto de Rezende. *Direito Individual e Coletivo do Trabalho* (Estudos e Comentários). São Paulo: Editora Revista dos Tribunais, 1960.

REQUIÃO, Rubens. *Curso de Direito Comercial*, volume 1, 20ª edição. São Paulo: Saraiva, 1991.

_____. *Curso de Direito Comercial*, volume 2, 18ª edição. São Paulo: Saraiva, 1992.

REVISTA DA ASSOCIAÇÃO DOS ADVOGADOS DE SÃO PAULO (AASP), número 39, maio de 1993. São Paulo: 1993.

REVISTA DO TRIBUNAL REGIONAL DO TRABALHO DA 15.ª REGIÃO, volumes 13 e 14. São Paulo, Editora LTr, 2000/2001.

REVISTA LTR. São Paulo: Editora Ltr, 1996,1997,1998, 1999.

RODRIGUEZ, Américo Plá. *Princípios de Direito do Trabalho*; 4ª tiragem. São Paulo: Editora LTr, 1996.

RUSSOMANO, Mozart Victor. *Comentários à CLT*, 17ª edição, volumes I e II. Rio de Janeiro: Forense, 1997.

SAAD, Eduardo Gabriel. *Consolidação das Leis do Trabalho Comentada*, 29ª edição. São Paulo: Editora LTr, 1996.

SAMPAIO, Aluysio. *Dicionário de Direito Individual do Trabalho*, 2ª edição. São Paulo: Editora Ltr, 1972.

SILVA, José Afonso da. *Curso de Direito Constitucional Positivo*, 18ª edição. São Paulo: Malheiros Editores, 2000.

SÜSSEKIND, Arnaldo; MARANHÃO, Délio; VIANNA, Segadas; TEIXEIRA, Lima. *Instituições de Direito do Trabalho*, 16ª edição, volume I. São Paulo: Editora LTr, 1996.

VIEIRA NETO, Manoel Augusto. *Consolidação das Leis do Trabalho*, 3ª edição. São Paulo: Saraiva S/A, Livreiros Editores, 1958.

VOGEL NETO, Gustavo Adolfo (coordenador). Curso de Direito do Trabalho em homenagem ao Prof. Arion Sayão Romita. Rio de Janeiro: Editora Forense, 2000.